NERÓN
LOS AÑOS SOMBRÍOS

HIPÓLITO PECCI TENRERO

Copyright © EDIMAT LIBROS, S. A.
C/ Primavera, 35
Polígono Industrial El Malvar
28500 Arganda del Rey
MADRID-ESPAÑA
www.edimat.es

ISBN: 84-9764-573-1
Depósito legal: M-45417-2006

Colección: Grandes biografías
Título: Nerón
Autor: Hipólito Pecci Tenrero
Coordinador general: Felipe Sen
Coordinador de la colección: Juan Ernesto Pflüger
Diseño de cubierta: Juan Manuel Domínguez
Impreso en: Cofás

IMPRESO EN ESPAÑA – *PRINTED IN SPAIN*

Me encantaría brindar esta obra a toda la gente que ha confiado persistentemente en mí y ha sabido que podría salir adelante. En primer lugar, y en una posición destacada, quiero decicárselo a mis padres por todos los momentos en que me han apoyado para que Nerón *llegara a buen puerto, y asimismo por creer que me encontraba capacitado para realizar otras muchas cosas, ya que sólo era cuestión de tiempo y no de ineptitud.*

Dedicárselo a mis grandísimos amigos Manolo, Rosa, César, Chema, Lola y Ana, que han tenido que aguantar sufridamente mis largas horas de aburridas parrafadas reprimiendo sus bostezos.

A Isa, Olga, Dani y Saúl, por todas las horas dedicadas a la Historia.

También dedicarlo a Sergio, Paco y Josete y por extensión a todo el Laboratorio de Estudios Paleolíticos (LEP) de la UNED.

Y no quería olvidarme de Fernando (Pochete) e Izaskun, a los que les deseo muchísima felicidad.

A todos ellos, muchas gracias por estar ahí.

Poli.

INTRODUCCIÓN

Roma, la pequeña ciudad fundada según la tradición por el legendario Rómulo sobre el monte Palatino en el año 753 a.C., se ha convertido a mediados del siglo II a.C. en dueña y señora de toda la península itálica. Del mismo modo, en estos momentos se dispone a dominar todo el Mediterráneo occidental.

Delenda est Cartago[1], la frase con la que Catón[2] finalizaba todos sus discursos, se ha llevado a efecto. En el 146 a.C. Cornelio Escipión Emiliano[3] somete definitivamente la capital púnica, pasando todo la región donde se encontraba situada a convertirse en la provincia de África.

La República romana con esta victoria se sitúa como la potencia hegemónica de la zona, pues posee Sicilia desde mediados del siglo anterior, que se convierte en la primera provincia[4] del naciente Imperio, las islas Égade y las Lípari, Córcega y Cerdeña[5], y ya a finales del siglo III a.C., durante la Segunda Guerra Púnica, las legiones habían desembarcado en la península ibérica, que se instituye como provincia en el 197 a.C., quedando dividida en dos jurisdicciones, la Ulterior y la Citerior, aunque en esta zona convivirán durante mucho tiempo numerosos focos de resistencia junto a áreas que sufren un rápido proceso de romanización.

Al mismo tiempo que se produce el sometimiento del Oeste, el Senado, con el fin de proteger tanto su flanco como los intereses comerciales romanos, y por ende, de toda la península itálica, fija su atención en la región oriental del Mediterráneo, poniendo en marcha toda su maquinaria militar, de tal manera que progresivamente se hace con el control de múltiples territorios.

A finales del siglo III a.C.[6] se establece un protectorado sobre Iliria, para a continuación extender su influencia a Macedonia, que terminará incorporándose como provincia[7], a los territorios griegos, a zonas de Asia, Rodas, Pérgamo...

Por otra parte, Roma se beneficia de la forma de actuar de algunos monarcas, puesto que a todas estas nuevas adquisiciones obtenidas por medio de la fuerza de las armas se le suman otra serie de regiones legadas por algunos soberanos, que al no haber conseguido perpetuar a su dinastía en el trono, donan a finales del siglo III a.C.[8] como herencia al Senado.

La expansión y control de todo este vasto territorio reporta grandes beneficios a la República, pero también conlleva numerosos inconvenientes. Roma posee considerables riquezas y grandes extensiones de tierras; sin embargo, y como no podía ser de otro modo, se comienzan a acrecentar las desigualdades y la inestabilidad social, puesto que los pequeños campesinos deben distribuir su tiempo entre servir en el ejército durante varios años y trabajar los campos, y así, gradualmente se ven obligados a deshacerse de sus propiedades por no poder soportar los gastos derivados de su mantenimiento.

Al mismo tiempo, a esta situación se une la competencia de los productos provenientes de las provincias, que en muchas ocasiones son mucho más económicos, lo que hace que los campesinos se endeuden cada vez más y estén obligados a instalarse en la ciudad, donde pasan a integrar ese grupo cada vez más numeroso que forma la plebe urbana.

Esta situación favorece a las grandes familias patricias, puesto que se hacen con el control de estos terrenos y ven cómo sus propiedades se incrementan de forma notable, creando grandes latifundios.

No sólo los campesinos tienen motivos de queja, de la misma manera el orden ecuestre y los aliados de Roma también se encuentran descontentos, pues viven una situación que no les

PROVINCIAS ROMANAS

BRITANNIA
Isurium
Viroconium
Londinium

1 GERMANIA SUPERIOR
2 GERMANIA INFERIOR

Vetera (2)
Novaesium
Bonna
Moguntiacum
Vendonissa
1
2
BELGICA
Durocortorum
Argentorate
AGRI DECUMATES
RAETIA
Augusta Vindelicum

LUGDUNENSIS
Lugdunum
AQUITANIA
Burdigala
NARBONENSIS
Narbo
Tarraco
TARRACONENSIS
LUSITANIA
Emerita Augusta
Corduba
BAETICA
Tingis
MAURETANIA TINGITANA
MAURETANIA CAESARENSIS
Caesareaude

NORICUM
Virunum
ALPES COTTIAE
ALPES MARITIMAE
ITALIA
Roma
SARDINIA ET CORSICA
Carales
SICILIA
Syracum
Carthago
AFRICA
Theveste
NUMIDIA

PANNONIA
Poetovio
DALMATIA
Burnum
Salonae
Viminacum
MOESIA
Viminadum
Novae
Descus
THRACIA
Perinthus
MACEDONIA
Thessalonica
ACHAEA
Corinthus
CRETA ET CYRENE
Cyrene

BICHYNIA ET PONTUS
Amastros
Micumedia??
GALATIA
Ancyra
ASIA
Pernamum
Ephesis
LYDIA ET PAMPHYLIA
Myra
Corthax
CYPRUS
Caesged
ALEXANDRIA NICÓPOLIS (?)

CAPADOCIA
Caesarea (MAZACA)
Antrichea
SYRIA
Haphaneas (2)
JUDAEA
Nabatea

parece la más adecuada al tener que compartir las obligaciones del Estado pero no los beneficios económicos ni los derechos políticos.

Los caballeros o équites nacen con la misma Roma, pues tienen su origen en la creación de unidades de caballería organizadas tradicionalmente por el mismísimo Rómulo[9]. En un principio todos los sectores privilegiados de la sociedad se encontraban recogidos dentro de esta clase social, pero durante el transcurso del siglo II a.C. se produce la separación de sus componentes que queda fijada en un orden senatorial, que a partir de este momento es el más privilegiado, y un orden ecuestre, en cuyo interior existían notables diferencias de índole tanto económica como profesional.

Diversos personajes buscan una serie de soluciones a estos problemas con el fin de poder aliviar las precarias condiciones de vida y recobrar un cierto orden social. Éste es el caso de Tiberio Sempronio Graco, que será elegido Tribuno de la Plebe en el año 133 a.C.

El cargo de Tribuno de la plebe corresponde a una magistratura que en su origen no estaba reconocida por el Estado. Su creación se produjo a principios del siglo V a.C.[10] con la intención de presentar un contrapeso al Senado, pues tenía derecho de veto sobre sus decisiones, aunque no podían hacer nada ante los decretos realizados por censores o dictadores. En los primeros momentos la magistratura estaba compuesta por dos tribunos, para pasar posteriormente a convertirse en diez.

Su competencia quedaba circunscrita exclusivamente a los límites de la ciudad de Roma y, en principio, sólo los plebeyos podían ser elegidos por medio de las asambleas de la plebe para ocupar este cargo durante un período de un año no renovable.

La persona del tribuno era sagrada, inviolable, por lo que cualquier agresión dirigida hacia ellos se pagaba con la muerte.

Sempronio Graco proyectó una reforma agraria destinada a finalizar con la acumulación de tierras por parte de las familias patricias como forma de conseguir frenar la aparición de latifundios, modificaciones que, evidentemente, son denegadas por el Senado, que las considera ilegales. No obstante, la intención de la aristocracia no es tenida en cuenta, pues la Asamblea de la plebe corrobora de forma mayoritaria los propósitos de Graco.

La atmósfera se enrarece vertiginosamente cuando Graco al finalizar su etapa en el cargo vuelve a presentar su candidatura para el año siguiente, aunque en teoría esta situación no era factible. Como no podía ser de otra manera, los patricios sienten amenazados sus privilegios, por lo que en Roma se producen una serie de disturbios que terminan con el asesinato de Tiberio Sempronio Graco, cuyo cuerpo es arrojado al Tíber, y con muchos de sus seguidores. El Senado defiende su forma de actuar argumentando que el fin último del representante de la plebe no era otro que el de hacer que todo el poder recayera en su persona, e incluso no se podría haber descartado que su objetivo hubiera sido el de hacerse proclamar rey.

Durante una década todo el gobierno se encuentra en manos de las familias patricias que componen el Senado, sin contar con ningún tipo de oposición. Sin embargo, en el 123 a.C. el hermano de Tiberio Sempronio, Cayo Sempronio Graco, es elegido Tribuno de la plebe, y retoma las ideas políticas de aquél, aunque curiosamente alguna de sus leyes no se habían derogado tras la revuelta, lo que había supuesto un respiro para numerosos campesinos y plebe urbana.

Pero Cayo Sempronio lleva al extremo las medidas ideadas por su hermano, exponiendo una serie de propuestas que le encaminarán a un continuo enfrentamiento con los patricios.

El Senado gana para sus filas a otro Tribuno de la plebe, M. Livio Druso. Con ello los senadores se sienten más seguros para poder enfrentarse a Graco, reproduciéndose de nuevo las disputas entre la facción patricia, que comienza a ser denominada *optimates*, y los partidarios de Graco, los *populares*, choques que llevarán a la declaración del estado de sitio y con ello la entrada de tropas en Roma.

Estos dos términos, *optimates* y *populares*, se comienzan a utilizar en el período final de la República para designar dos ideas contrapuestas, ... *populares quienes lo que hacían y lo que decían querían que fuera agradable a la multitud; optimates quienes se comportaban de modo que sus opiniones fueran del máximo provecho para todos...*[11], pero sin llegar nunca a formar lo que se podría denominar partidos políticos.

Todo esto termina en el 121 a.C. con la muerte de Cayo Sempronio Graco, la supresión de las leyes por él propuestas y la recuperación del poder por parte del Senado, que con el objetivo de desviar la atención de los problemas existentes en Roma, lleva a cabo una acción bélica de distracción, dando comienzo una guerra contra su antiguo aliado Yugurta, rey de Numidia.

En principio, este conflicto estaba planificado para durar un corto período de tiempo; sin embargo, se prolongó durante seis años[12] sin alcanzar ningún objetivo concreto, lo que no llevó más que a un agravamiento de la situación en la urbe. Por si fuera poco, al mismo tiempo una serie de pueblos germanos penetran en la Galia haciendo peligrar la integridad del norte de la península itálica.

En este estado de cosas, entra en juego Cayo Mario, militar que sobresalió en el sitio de Numancia encontrándose bajo las órdenes de Publio Cornelio Escipión Emiliano y que posteriormente accederá al cargo de tribuno, interviniendo en la guerra contra Numidia.

Todo ello sumado a su condición social (su *gens* no era acomodada ni había disfrutado de cargos políticos) hace que no sea aceptado por las familias patricias, argumento que le ayudará a conquistar las simpatías de los populares.

Marchará a Numidia como comisionado del cónsul Quinto Cecilio Metelo Numídico en el 109 a.C., y al regresar a Roma consigue acceder al cargo de cónsul[13], gracias al apoyo de la facción popular, pero también por contar con el respaldo de muchos integrantes del orden ecuestre y empresarios, tanto de

Roma como de toda la península itálica, aunque manteniendo constantemente la oposición de los miembros del Senado, ya que es considerado un militar advenedizo.

El consulado le facilitará el llegar a poner fin a la guerra; no obstante, ante la escasez de soldados lleva a cabo una reforma militar permitiendo enrolarse voluntariamente en el ejército a todos aquellos que contaran con la ciudadanía romana, incluso a hombres que formaban parte de las clases bajas, actuación con la que se daba un paso más hacia la desaparición de la República, ya de por sí en una situación bastante delicada después de los acontecimientos acaecidos, puesto que estos soldados, en su mayoría procedentes de la plebe urbana y del campesinado, hacen que las tropas dejen de ser leales al Senado para convertirse en ejércitos clientelares fieles tan sólo a sus generales, los cuales comienzan a marcar las pautas políticas y a controlar los resortes del poder.

Mario zanja el conflicto con Yugurta y poco tiempo después se dirige con sus legiones al norte de Italia con el objetivo de neutralizar la amenaza que representaban las tribus germanas, a las que vence en Aquae Sextiae y Vercellae[14].

Tras las campañas victoriosas retorna a Roma y como compensación a sus soldados pretende asegurar tierras para los veteranos, pero cuenta una vez más con la oposición de los senadores, lo que le lleva a vincularse mucho más estrechamente a la facción de los populares, y así, en connivencia con el Tribuno de la plebe Lucio Apuleyo Saturnino lleva a la práctica algunas de las leyes formuladas por los Gracos; sin embargo, este modo de actuar conduce a una confrontación abierta con el Senado, suscitándose nuevos enfrentamientos entre los dos bandos.

Los senadores terminarán por exigir a Mario la restitución de la situación anterior, lo que le plantea colocarse en una difícil posición. El militar toma una decisión que logra despertar las iras de sus partidarios, ya que las grandes familias patricias han sabido colocar hábilmente a los populares en su contra al obligarle a enfrentarse a su colaborador Saturnino. En este ambiente cargado de hostilidad Cayo Mario opta por retirarse de la vida política, si bien su alejamiento no supone una vuelta a la tranquilidad.

La República se tambalea ante los continuos enfrentamientos sociales existentes, y, para terminar de complicar el estado de las cosas, los pueblos itálicos, con el objetivo de conseguir la ciudadanía romana[15], recurren a un levantamiento armado.

El contexto hace que el Senado no tenga más remedio que acudir de nuevo a Mario, el cual es requerido para situarse a la cabeza de las tropas, y como era de esperar, al mando de sus legiones acaba con el conflicto. Sin embargo, y aunque pudiera parecer sorprendente, los habitantes de la península itálica resultan bastante favorecidos, ya que con el fin de restablecer el orden en la región se concede la ciudadanía a todos los itálicos que no hubieran empuñado las armas contra Roma, para posteriormente extenderla a todos aquellos que solicitaran formalmente su obtención.

Parecía que tras haber llegado a un feliz desenlace conveniente a los intereses romanos y lograr la conclusión de todos estos enfrentamientos, se iba a vivir un período de calma en la ciudad, pero esta meta tan buscada no iba a ser factible, pues otro acontecimiento vino a echar por tierra los buenos deseos de los romanos; Mitrídates VI, monarca del Ponto, reino que surgió de los fragmentos en que se dividió el Imperio que había creado Alejandro Magno, se apodera de diversos territorios, como la Cólquida, región adyacente al mar Negro, Armenia o Crimea, y al mismo tiempo fomenta una serie de sublevaciones de los pueblos del Asia Menor contra la autoridad romana.

El Senado, con el propósito de dirimir esta cuestión en el mínimo tiempo posible, decide mandar en este caso al frente de las tropas a un optimate, Lucio Cornelio Sila, que había participado con el cargo de cuestor en la guerra de Numidia, en las campañas de Mario contra los germanos, en las Guerras Sociales, y es uno de los cónsules del año 88 a.C.; sin embargo,

14

desestimando esta decisión, la Asamblea de la plebe le retira el mando de las legiones y se lo asigna a Mario.

La respuesta a esta actuación significó el golpe de gracia para la República y uno de los períodos más sangrientos de esta época, puesto que hasta este momento ningún general había reaccionado de la manera en que lo hizo Sila. Dirigió sus fuerzas a Roma y la ocupó militarmente, lo que supuso el estallido de otra nueva guerra civil entre patricios y populares, encabezados por Sila y Mario. Los optimates resultaron vencedores en la contienda, por lo que Mario se vio obligado a huir a África.

Poco tiempo después Sila, contando con todo el apoyo del Senado, que lo situó en el cargo de procónsul, marcha hacia las provincias orientales donde vence a Mitrídates en el año 86 a.C., si bien no retorna a Roma hasta tres años después.

En su ausencia se reaviva el enfrentamiento civil entre las dos facciones, pues Mario regresa a la ciudad y, junto con Lucio Cornelio Cinna, son nombrados cónsules de este año, aunque aquél queda como cónsul único al fallecer este último a los pocos días de su nombramiento. Durante su consulado se efectúan temibles purgas políticas en las que son condenados a muerte y ejecutados numerosos senadores. Sila es destituido de todos sus cargos, al mismo tiempo se envía un cuerpo expedicionario con la misión de acabar con él sin embargo, estas tropas desacatan las órdenes de Roma y pasan a sus filas.

Tras haber conseguido controlar los territorios asiáticos, dirige sus legiones a la capital, en donde se siguen produciendo enfrentamientos entre populares y optimates. Los dos líderes se enfrentan en Puerta Colina el 1 de noviembre del 82 a.C., batalla que significa el fin de la guerra civil, pues Sila irrumpe en Roma erigiéndose como el completo triunfador y es nombrado dictador por tiempo indefinido con poderes legislativos y constituyentes[16], instaurando un sistema de gobierno en el que la sensación predominante es el terror. Se establece el método de las proscripciones, por el que se difundía el nombre de todos los personajes sospechosos de ser enemigo público, acusación que conllevaba la expropiación de todos los bienes, condena a muerte y su ejecución.

Pero también tomó un paquete de medidas que fueron bien aceptadas por el pueblo: se les concedió la ciudadanía a Hispania y la Galia, finalizó la concesión plena de la ciudadanía a todos los aliados romanos de la península itálica, amplió el Senado con el fin de que los nuevos grupos dominantes pertenecientes al orden ecuestre y a los grandes hombres de negocios pudieran acceder al cargo de senador, junto con la vieja aristocracia, entregó lotes de tierra a los veteranos, etc.

Aun así, cuando Sila dimite de su cargo en el 79 a.C., Roma se encuentra en una situación caótica, teniendo que hacer frente en estos años a la sublevación de Hispania[17], donde Sertorio, partidario de Mario, se había hecho fuerte, a la famosa rebelión de los esclavos dirigida por Espartaco[18], a levantamientos en Asia Menor, Siria y Palestina, a la Conjuración de Catilina...[19]

La República en estos momentos no es más que una simple expresión para designar una forma de gobierno que ya no existe en Roma. En el año 60 a.C. el Senado es una mera comparsa, pues quien pasa controlar el poder político es el conocido como Primer Triunvirato, formado por Pompeyo, Craso y Julio César.

Durante unos años los triunviros se reparten las zonas de influencia, tanto política como territorial, pero era inevitable que se produjese un enfrentamiento entre ellos. A la muerte de Craso[20] Pompeyo es el dueño absoluto de Roma, mientras César se encuentra finalizando la conquista de la Galia.

La República va a emitir su particular canto de cisne cuando tras una serie de acontecimientos, en enero del 49 a.C., Cayo Julio César dirige sus tropas hacia Roma, cruzando el río Rubicón, límite entre la Galia Cisalpina e Italia, el cual no podía ser atravesado por las legiones sin el previo consentimiento del Senado, declarándose una guerra civil que llevará a los dos supervivientes del Triunvirato a enfrentarse el año siguiente en Farsalia, donde resulta derrotado Pompeyo, quien no tiene otra alternativa que huir hacia Egipto donde finalmente será asesinado por Ptolomeo XIII.

César, tras eliminar todos los focos de resistencia que aún permanecían activos, se convierte en el único dominador de Roma y obtiene del Senado los títulos de Dictador Perpetuo, Imperator, Pontifex Maximus y Padre de la Patria. No obstante, el temor a que se sintiera tentado y pudiera autoproclamarse rey de Roma hace que se promueva una conjura contra él, siendo asesinado en los famosos idus de marzo del año 44[21] a.C., en lo que Goethe[22] denominó como *el crimen más estúpido de la Historia*[23], puesto que su eliminación no hacía más que agravar el estado de las cosas, ya que lo único que iba a causar era una precipitación de los acontecimientos.

Marco Antonio, lugarteniente de César y cónsul del 44 a.C., posee el testamento del dictador así como la lealtad de las tropas. Durante los funerales, el cónsul ataca a los asesinos, que optan por huir de Roma, con lo que los cesarianos quedan como dueños de la situación. Se produce un reparto de las provincias entre Marco Emilio Lépido, jefe de la caballería de César, Antonio y Dollabela, el otro cónsul del 44 a.C.

Pero en este momento aparece en Roma otro personaje que hasta entonces había carecido de importancia: Cayo Octavio Turino, nombrado hijo adoptivo y heredero por César en el año 45 a.C., del cual era sobrino.

Su primera actuación al pisar el suelo de la capital le reportó la admiración y simpatía de los cesarianos, ya que abandona su nombre y adopta el de Cayo Julio César Octaviano.

Tras una serie de discrepancias entre Octavio y Marco Antonio, ambos se reúnen en Bononia[24] en noviembre del 43 a.C., donde establecen el conocido como Segundo Triunvirato junto con Lépido, si bien, a diferencia del anterior, no es un acuerdo de tipo privado, pues éste contaba con apoyo legal.

Sin embargo, al igual que el anterior triunvirato, éste estaba también condenado al fracaso y al enfrentamiento de sus componentes más importantes, Octavio y Marco Antonio, que aliado a Cleopatra VII, reina de Egipto, se enfrentaron a él en Actium en septiembre del 31 a.C., siendo derrotados por la flota romana dirigida por Agripa.

Antonio, tras ser derrotado por segunda vez, se suicidó al año siguiente, camino que fue seguido por su aliada tras intentar por última vez llegar a un acuerdo con Octaviano.

El sobrino de César no tuvo ningún reparo en eliminar al hijo que el dictador había tenido con la reina de Egipto, Cesarión, pues podía constituir una amenaza para él si sus partidarios pretendían pedir en algún momento el gobierno de Roma en su nombre. De esta manera todo el poder pasa a concentrarse en sus manos.

Con el fin de no terminar como sus antecesores, Octavio mantuvo de forma aparente los viejos modos republicanos; con todo, paulatinamente va acumulando poderes hasta que en el año 27 a.C. el Senado le otorga un imperium proconsular por diez años además del título de Augustus y Princeps, lo que suponía, *de facto,* el fin de la República, cuya desaparición total se produce en el año 23 a.C., cuando Augusto obliga al Senado a la concesión de nuevos poderes, lo que significa el verdadero comienzo del principado.

A partir de este momento la forma de gobierno pasa a convertirse en unipersonal, y aunque el Senado se conserva como institución, sin embargo, en la práctica carece de poder.

A la muerte de Augusto[25] el principado se mantiene dentro de su familia, la dinastía Julio-Claudia, convirtiéndose en sucesor su hijo adoptivo Tiberio, y tras él accede al poder Calígula, que no gobierna más que cuatro años, ya que en el 41 d.C. los pretorianos entregan el poder a Claudio.

I. LOS ORÍGENES

Lucio Domicio acababa sus labores cotidianas, así que se dispuso a recoger las herramientas y emprender el trayecto de vuelta a casa.

Avanzaba plácidamente por el camino disfrutando de aquella tarde del año 496 a.C., cuando en la distancia pudo divisar dos siluetas que se acercaban en su dirección. Poco a poco fue distinguiendo sus formas con mayor claridad, y pudo apreciar que se trataba de dos figuras masculinas, las cuales, al llegar a su altura, se detuvieron. Lucio también paró, contemplando ante sí dos jóvenes a los que no reconocía. Reparó en sus rasgos físicos muy semejantes. Sin embargo, por mucho que pensaba estaba seguro de no haberlos visto con anterioridad, por lo que temeroso de que pudiera tratarse de salteadores solicitó sus nombres, si bien no pudo más que sorprenderse y sonreír cuando los muchachos se identificaron como los gemelos Cástor y Pólux, los Dióscuros[26].

Domicio no salía de su asombro ante la osadía de los jóvenes y, pensando que se trataba de una inocente broma de un par de adolescentes, iba a instarles a que continuaran su camino, cuando ambos le comunicaron que él había sido elegido para entregar un mensaje al Senado y al pueblo de Roma[27]; debía anunciar a su ciudad la victoria que acababan de conseguir sus ejércitos, comandados por Albano Postumio, en el lago Regilo ante la confederación de pueblos que se habían unido formando la Liga Latina.

El hombre consideró que los muchachos estaban llegando demasiado lejos al intentar divertirse a su costa. Entonces

19

decidió avergonzarlos dándoles una lección que les sirviera para no volver a utilizar a otra persona en busca de su propio entretenimiento; así, les solicitó una prueba concluyente que le sirviera para convencerse de su identidad.

Faltó poco para que Lucio cayera al suelo víctima de la sorpresa cuando los jóvenes alzaron las manos y, sin ningún tipo de brusquedad, acariciaron su cara suavemente. Al instante su barba perdió todo su color negro y tornó progresivamente al rojo.

Ya no cabía ninguna duda de la veracidad de sus palabras. El hombre voló por el campo tratando de llegar lo más rápidamente posible a la ciudad. Resoplando por el esfuerzo, se dirigió como pudo a la Asamblea del Senado, donde refirió a todos los miembros el hecho que acababa de acontecer.

Lucio Domicio fue recompensado por haber sido designado para dar tan alegres noticias a Roma, y desde ese momento se convirtió en una persona acaudalada, fundador del linaje de los Calvinos, los cuales junto con los Ahenobarbos formaron la gens Domicia, cuyos rasgos esenciales fueron la característica barba de color rojizo y el uso de dos únicos nombres: Gneo y Lucio.

La familia gozó de gran reputación durante la República y muchos de sus miembros ocuparon el consulado, desde que Gneo Domicio Ahenobarbo ocupó el cargo de cónsul durante el año 192 a.C., hasta que otro Gneo Domicio[28], el marido de Agripina y padre de Lucio Domicio, lo ocupara en el 32 d.C.

Gneo Domicio Ahenobarbo era hijo de Lucio Domicio Ahenobarbo, cónsul del 16 a.C., y de Antonia la Mayor, hija de Marco Antonio y la hermana de Augusto, Octavia, y contrajo matrimonio con Agripina la Menor, hermana de Calígula.

Sobre este integrante de la familia Domicia se han referido bastantes anécdotas, pues la opinión más extendida en la época lo tachaba de ser un personaje muy violento. Tanto es así que en cierta ocasión, cuando se encontraba con César durante las campañas de Oriente, se dice que mató a un liberto que había rehu-

Nerón. Busto de la primera mitad del siglo I d.C.
(Museo Nacional de Arqueología de Tarragona)

sado consumir todo el alcohol que éste le había exigido, pues se negaba a emborracharse, por lo que Gneo Domicio no tuvo ningún reparo en desenvainar su espada y atravesarlo.

En otra ocasión, circulando por la Vía Apia, encontró a un niño situado en medio de la calzada, y ante la tardanza en apartarse sencillamente le pasó por encima y aplastó con su carro. En el Foro, sacó un ojo a un miembro del orden ecuestre, únicamente porque le echó en cara sus malos modales. Al nacer su hijo le dieron las más efusivas felicitaciones; ante ello Gneo Domicio respondió de forma airada, y sólo pudo decir que el engendro que llevaba su semilla y había crecido en las entrañas de Agripina no podía ser nada bueno para el Estado, etc.

Ciertamente su mala fama debía de estar bien fundamentada.

Uno de los escándalos que protagonizó Gneo Domicio y que dio mucho que hablar en Roma fue la acusación que recayó sobre él durante el principado de Tiberio por la que se le imputaba haber realizado prácticas de incesto con su hermana Domicia Lépida, madre de Mesalina, si bien la fortuna fue generosa con los dos, pues el príncipe murió antes de que pudiera hacer nada contra ellos.

Finalmente Gneo Domicio Ahenobarbo moriría de hidropesía[29] en Pirgos.

Agripina la Menor nació en el año 16 d.C. Tenía lazos de sangre directos con Augusto por parte de madre, ya que se trataba de su bisabuelo, así como con Marco Vipsanio Agripa, que había casado con Julia, la hija de Octavio y Escribonia, su primera mujer.

Julia y Agripa tuvieron cinco hijos, entre los que se encontraba Agripina la Mayor, casada con Germánico, el hermano de Claudio, los cuales habían tenido seis hijos, de los que destacaban Cayo César Augusto Germánico, conocido como Calígula, y Julia Agripina, conocida como Agripina la Menor.

Durante el principado de Tiberio, a principios del siglo I d.C., cuando Agripina la Mayor tenía cuatro años de edad, Julia, su madre, fue desterrada a la isla de Pandataria, de donde nunca conseguiría salir, puesto que los rumores dijeron que se había dejado morir de hambre.

Agripa pertenecía al círculo más íntimo de Octavio. Tanto es así, que comandó la flota que venció a Antonio en la famosa batalla de Actium y posteriormente recibió órdenes directas del príncipe por las que le asignaba la conclusión de la conquista y pacificación de Hispania e igualmente de las Galias.

Cuando se hizo necesario nombrar a su sucesor, Augusto lo tuvo bastante claro, por lo que sin ningún atisbo de duda se decantó por Agripa; sin embargo, el destino quiso que falleciera antes que el príncipe.

Por parte de padre, Agripina la Menor también tenía vínculos familiares con Marco Antonio, ya que igualmente se trataba de su bisabuelo. Antonio, con el objetivo de formalizar la unión política con Augusto, que daría origen al Segundo Triunvirato, casó con su hermana Octavia, aunque las circunstancias quisieron que posteriormente el matrimonio se fuera a pique debido a la política realizada por el general en el Oriente, que le obligaría a repudiar a su mujer para poder unirse a Cleopatra.

Agripina la Menor tenía el mismo temperamento decidido y violento de su madre, pero con la particularidad de ser mucho más fría y taimada que ella, si bien estos rasgos tan marcados en su carácter no le servirían de nada para perder la virginidad a manos de su hermano Calígula, hecho que también se produjo en el caso de Julia Drusila y Julia Livila, sus otras hermanas. Este suceso supuso una conmoción dentro de la familia, produciéndose un gran revuelo. Debido a ello, y ante la gravedad de los acontecimientos, Germánico, su padre, no tuvo más remedio que comenzar una búsqueda desesperada dirigida a localizar un esposo para ella.

Finalmente, tras una larga búsqueda se consiguió dar con un candidato que, si bien no resultaba ser el más idóneo, tenía una fama cuando menos turbulenta y era mucho mayor que la novia; por lo demás, no se había encontrado ningún otro defecto visible que supusiera un impedimento para que se celebrara la unión; por tanto, no fue rechazado por ningún miembro de la familia. Pero esta unanimidad en la elección se debió fundamentalmente a la falta de tiempo para iniciar más indagaciones sin levantar sospechas. Este hombre no era otro que Gneo Domicio Ahenobarbo.

Agripina no tuvo que lidiar en exceso con él, pues un buen día, cuando ella contaba veinticinco años y después de una década de matrimonio, Domicio murió, dejando a una viuda, la cual no se encontraba excesivamente apenada, con un hijo de tres años al que mantener.

Gneo Domicio, en su testamento, había señalado como heredera lógicamente a su mujer, pero de igual forma también había designado como coheredero a Calígula, el cual ya había sucedido a Tiberio en el principado.

A la hora de leer las últimas voluntades del esposo, el príncipe no debió de encontrarse totalmente satisfecho, quizás porque le parecía una nimiedad la parte que le correspondía; así, tomó una determinación y decidió apropiarse del patrimonio íntegro por el medio más rápido y fácil, la confiscación de la totalidad de los bienes, relegando a Agripina, que no pudo hacer nada para evitarlo, a un segundo plano.

El tiempo pasa y la joven viuda, que se está empapando de los entresijos de palacio, se encuentra sola, anhelando la compañía de una persona con la que poder compartir los momentos de intimidad y confidencialidad, y, como cabía esperar, se produce lo más evidente: toma como amante a un hombre llamado Marco Emilio Lépido.

La situación hubiera sido totalmente natural si no hubiera habido un pequeño contratiempo; cuando la noticia es conocida en palacio, el príncipe estalla, presa de un ataque de furia incontrolada.

El hecho es que Calígula se encontraba saturado de las continuas intrigas llevadas a cabo por su hermana, pero a ello se sumaba el hecho de que Calígula se sentía atraído por el mismo hombre que su hermana; es más, no sólo se encontraba fascinado por él, sino también celoso, ya que al mismo tiempo estaba enamorado de ella.

Agripina había encontrado al acompañante con quien pasar sus momentos de tranquilidad, de placer, de alegría, pero también había conseguido un fiel aliado donde apoyarse durante la ejecución de sus intrigas palatinas, en tan alto grado que comienzan a conjurar con el fin de acabar con la vida de su hermano; no obstante, las maquinaciones que proyectan serán vanas, pues Calígula es informado poco tiempo después de todos los pasos que pretendían dar los conspiradores.

Agripina conocía bien a Calígula, así que no puede más que inquietarse cuando le llegan diversas noticias que le comunican el descubrimiento de sus intenciones. Tanto ella como Lépido se ven perdidos, esperando que de un momento a otro llegase un emisario que les invitara a visitar al César. Sin embargo, el príncipe, haciendo gala de una excepcional sangre fría, no actúa precipitadamente; al contrario, con gran despreocupación hace llegar a la pareja una misiva en la que les manifiesta su complacencia en poder alojarse unos días con ellos en la capital de las Galias[30], en donde él ya se encontraba.

Los amantes se hallaban sumidos en un mar de dudas: ¿el príncipe iba a mostrarse indulgente?, o bien ¿debían desconfiar y sentirse amenazados? Sea como fuere, sabían que no podían contravenir sus órdenes, aunque estuvieran encubiertas con un sutil velo fraternal, por lo que se encaminaron hacia tierras galas sin dilación.

Si en alguna ocasión se les pasó por la cabeza la idea de que Calígula pudiera mostrarse indulgente, pronto alcanzaron a comprobar que se hallaban muy equivocados.

No tuvo que pasar mucho tiempo para que pudieran paladear las hieles de la venganza. Nada más poner pie a tierra, Lépido fue estrangulado. Calígula tuvo más clemencia con su hermana, la cual siguió el camino que habían recorrido diversas mujeres de la *gens* Julio-Claudia, concretamente su abuela Julia y su madre Agripina, es decir, ser desterrada a la isla de Pandataria, aunque el príncipe, como símbolo de buena voluntad le otorga un período de tiempo para poder solucionar la situación de su hijo, puesto que, indudablemente, no podía llevarlo consigo.

El pequeño Lucio marcha a vivir a la villa de su tía Domicia Lépida en la vía Flaminia, aunque la relación entre ambas está impregnada de un gran sentimiento de odio, que ninguna de las dos se había molestado en ocultar en ningún momento.

En el 41 d.C. los pretorianos deciden que es necesaria una sustitución al frente del Imperio, por lo que asesinan a Calígula y sientan en el trono a su tío Claudio. Una de las primeras medidas que toma es decretar un indulto general para todos aquellos que se encuentran condenados al exilio; de esta manera, Agripina puede retornar a Roma un año y tres meses después de haber partido al destierro.

Poco tiempo después de regresar a la ciudad se plantea la posibilidad de visitar a su cuñada con el fin de recuperar a Lucio; sin embargo, paulatinamente se van diluyendo sus propósitos iniciales, puesto que comienza a pensar que la cuestión fundamental para ella en esos momentos era garantizarse una buena posición dentro las aristocracia de la ciudad.

Teniendo en cuenta que acababa de llegar y su capital no era muy alto, Agripina decidió jugar la baza de la seducción; así, comienza a tejer una red alrededor de Salustio Crispo Pasieno, un patricio ilustrado, buen orador, que había ocupado el consulado durante el año 44 d.C., y, lo que era esencial, consiguió mantener todo su patrimonio intacto sin que Calígula le arrancase ningún pedazo de él. Ni siquiera supuso un inconveniente su condición de casado, puesto que al poco tiempo de haber comenzado a actuar sobre él, la madre de Lucio había conseguido que solicitara el divorcio para unirse a ella. Este matrimonio fue bastante efímero, pues a los dos años de su enlace, Salustio Crispo murió repentinamente de una forma cuando menos sospechosa.

Agripina ya había conseguido lo que se propuso originalmente, es decir, hacerse un hueco dentro del patriciado y acumular numerosas riquezas, ya que a la herencia legada por su difunto marido se le debía sumar el capital de Gneo Domicio, su primer esposo, que le había sido restituido.

De todos modos, para acallar los insistentes rumores que se habían levantado y la implicaban con la muerte de Pasieno, por lo que ciertas personas demandaban un investigación sobre lo acaecido, no tuvo más remedio que abandonar por un tiempo Roma.

Mientras permanece fuera de la ciudad la vida continúa en el interior de sus murallas, al igual que las intrigas, que se siguen sucediendo; pero una de ellas, ocurrida en el 48 d.C., iba a cambiar drásticamente su vida y la de su hijo.

Claudio, tío de Agripina y príncipe desde el año 41 d.C., disfrutó de tres relaciones sentimentales a lo largo de su vida: la primera fracasó al referirse el padre de la novia a Augusto en términos despectivos, lo que hizo que el príncipe se sintiera ofendido y decidió devolvérsela a su progenitor; la segunda murió el mismo día en que se iba a celebrar la unión, y su última mujer y la más conocida era Mesalina.

Valeria Mesalina contaba dieciséis años cuando se produjo su enlace con Claudio en el 39 d.C.; de él tuvo dos hijos: Octavia, que nació tres años después de la unión, y Tiberio Claudio César, apodado Británico por la conquista de Britania que se había realizado durante esa época.

Toda su vida estuvo plagada de escándalos sexuales, y era conocida por toda Roma, además de por su crueldad, por su aire libertino, hasta tal punto que ningún habitante de Roma dudaba en tacharla públicamente de depravada, aunque todos dirigían su atención hacia otro lado.

Hasta que la mujer del príncipe llegó demasiado lejos.

Mesalina consideraba que como mujer del César gozaba de un poder omnipotente y su persona era poco menos que sagrada; por tanto, no tenía ningún impedimento en encararse continuamente a los libertos imperiales, los cuales, tras el propio príncipe, integraban el grupo de las personas más influyentes de todo el Imperio y los que verdaderamente gobernaban y tomaban la mayoría de las decisiones relevantes.

El círculo de privados de Claudio estaba compuesto por Palas, Superintendente del príncipe, Calixto, Ministro del Consejo de Estado, y Narciso, el personaje más poderoso de todos ellos que ocupaba el cargo de Jefe de la Correspondencia Imperial. La amistad entre el liberto Narciso y el César se produjo curiosamente a través de Mesalina.

En un período en el que el César se encontraba ausente de Roma, Mesalina realizó lo que iba a constituir su último ultraje al dueño del mundo: repudió públicamente a su marido y se unió en matrimonio a Cayo Silio.

La reacción de los libertos no se hizo esperar, sobre todo por parte de Narciso, el cual, traicionando a su antigua valedora, fue el encargado de despachar los correos para que el príncipe estuviera informado inmediatamente del acontecimiento, no tardando en presentarse en la capital y encaminarse a palacio, donde los libertos no dudaron en acusar a su mujer de adulterio y pidieron una condena ejemplar.

Sin embargo, temiendo que el César pudiera conmoverse y mostrarse condescendiente, ordenaron la muerte de Valeria Mesalina, lo que también significó la muerte de Silio.

La mujer imploró a Claudio, le pidió clemencia aludiendo al bienestar de sus hijos, pero todo intento por salvar su vida no sirvió de nada, puesto que siguió el mismo camino que su amante, siendo ejecutada por dos pretores. Mesalina agonizó en los brazos de su madre.

El César, sin perturbarse excesivamente, solicitó el regreso a palacio pues se encontraba hambriento. Una vez allí y mientras exhibía un voraz apetito, prometió que nunca más volvería a contraer matrimonio e incluso autorizó a la guardia pretoriana el uso de la fuerza contra su persona si alguno de los soldados le oía insinuar sobre la posibilidad de otro enlace matrimonial. Pero, como era de esperar, nadie prestó mucha atención a sus palabras, pues todos conocían su debilidad por las mujeres y la necesidad de mantenerse siempre acompañado.

A pesar de su promesa, con el paso de los meses Claudio comienza a hastiarse de no tener ninguna mujer a su lado, y no pasa mucho tiempo cuando decide que había llegado la hora de volver a contraer matrimonio, e inicia los movimientos para la búsqueda de una candidata, aunque los libertos ya han hecho su elección y se preparan para defenderla ante el César.

Calixto abogaba por Lolia Paulia, hija del cónsul M. Lalio, puesto que llegó a emparentar con la familia imperial al unirse a Calígula, aunque fue repudiada poco tiempo después; Narciso defendía a Elia Petina, mujer que ya había estado desposada en una ocasión con Claudio y de la que se había divorciado para poder casarse con Mesalina, y Palas apoyaba la unión con la sobrina del César, Agripina, que en estos momentos tenía cerca de 33 años, si bien el liberto buscaba algo más que el interés por su príncipe, puesto que intentaba defender sobre todo su relación sentimental con la madre de Lucio.

Agripina no tenía por qué preocuparse ya que sabía que se encontraba en una posición preeminente debido a la relación familiar que la unía al príncipe, hecho que facilitaba el acceso a sus habitaciones y situación que no dudaba en explotar para acercarse persistentemente a él.

Paso a paso la madre de Lucio fue haciéndose un hueco en la vida de Claudio, para lo que contó con el apoyo de Palas, que hábilmente había sabido ganarse la amistad del cónsul Lucio Vitelio, el cual no tuvo ninguna dificultad en persuadir a ciertos senadores, previo pago, para que fueran los encargados de defender en el Senado esta unión, llegando a crear en la Cámara un ambiente en el que ninguno de sus miembros hubiera podido exhortar nada en contra de este vínculo.

El cónsul esgrimió la situación del gobernante, exteriorizando ostensiblemente el dolor que le corroía al saber que Claudio no podría encontrar la felicidad si se le prohibía esta unión, pues no había hecho mal alguno ni había tomado a la mujer de otro hombre como habían efectuado César o Augusto, comentario que no llegó a oídos del príncipe, ni llevado una vida desordenada; al contrario, había respetado todas las leyes con la mayor consideración, pero no sólo el estado del César, del mismo modo había que contar con las cualidades que poseía Agripina, su honestidad y su juventud.

La locuacidad de Vitelio consiguió convencer a todos los senadores, que llegaron incluso a respaldar la opción de obligar al príncipe a aceptar la unión con Agripina en caso de negarse a ella y, para que no supusiera ningún impedimento, anunciaron la derogación del decreto que prohibía el enlace entre tíos y sobrinas.

Sin embargo, Agripina se encontraba tan segura de su elección, que ya se había trasladado a vivir a las habitaciones de palacio alegando que como buena sobrina lo que quería era encontrarse cerca de su tío. Aun así, realizó algunos movimientos que pudieran facilitar su designación y supusieran la eliminación de sus adversarias, llegando a acusar a Lolia Paulina de haber intentado descubrir la identidad de la futura esposa del príncipe por medio de consultas al oráculo de Apolo.

La sobrina del César, con el fin de simplificar el asunto y para que no fuera investigado por el Senado, ordenó a un tribuno que le quitara la vida.

Las maniobras de Agripina no quedaron ahí, sabedora de que su puesto al lado del César estaba totalmente garantizado; ahora se plantea la posición que va a ocupar su hijo en el futuro, y en él pasaba a tener un lugar muy importante Octavia, la que iba a ser hermanastra de Lucio.

Claudio había concedido la mano de su hija a Lucio Junio Silano, pero su futura mujer ya había decidido que era imposible que esta unión se llevara a cabo, pues su intención era casarla con su hijo.

Agripina descubrió que Silano estaba manteniendo una relación incestuosa con su hermana Junia Calvina. Por medio de Vitelio obtuvo la mayor cantidad de datos posibles y los utilizó para, por un lado, obligar a Claudio a retirar la mano de su hija y, por otro, hacer que Silano cayera en desgracia ante el Senado, puesto que el incesto, aunque se practicaba habitualmente, legalmente estaba penado.

En una de las sesiones de la Cámara, Silano contempló estupefacto cómo Vitelio le acusaba ante todos los senadores, los cuales mostraron su desprecio hacia él expulsándolo de la Asamblea. Automáticamente el César retiró la mano de su hija, ya que no podía unirse a un personaje de tal calibre.

Calvina fue desterrada de Italia y su hermano Lucio Junio Silano, desesperado de la situación en que se veía envuelto y sin saber quién lo había llevado a ella, se quitaba la vida el mismo día del año 48 d.C. en que Agripina y Claudio formalizaban su unión.

Todo estaba dispuesto. Agripina conseguía realizar íntegramente aquello que se había planteado; así, tras el enlace lo único que restaba a la nueva mujer del César era recuperar a su hijo, por lo que partió hacia la villa de Domicia Lépida.

Desde este momento la vida del pequeño Lucio Domicio Ahenobarbo daría un vuelco total, ya que iba a ser regida en todo momento por su madre.

II.   EN PALACIO

El 15 de diciembre del 37[31] d.C., nueve meses después de la muerte de Tiberio y del comienzo del principado de Calígula, una criatura viene al mundo en la localidad de Anzio. Se trata de Lucio Domicio Ahenobarbo.

Desde época muy temprana su vida oscila dependiendo de los avatares sufridos, y en algún caso provocados deliberadamente, por su madre; pero no sólo por ella, pues aunque nunca constituyó ninguna amenaza desde el punto de vista político, no por ello estuvo libre de ser el centro de algún amago de atentado contra su persona e incluso hubo rumores que señalaban a Mesalina, la cual, temerosa porque llegara a convertirse en un posible rival de su hijo Británico, sería la instigadora de ciertos episodios protagonizados por varios sujetos que intentaron estrangularlo.

No iba a ir mal encaminada, pero ella ya no podría ver el final de su hijo.

En otra ocasión dos ladrones penetraron sigilosamente en casa de su madre con intención de raptarlo, pero ambos quedaron paralizados como resultado del asombro producido al observar cómo la cuna se encontraba custodiada por dos serpientes, lo que hizo que los raptores huyeran despavoridos. Uno de los animales abandonó la muda en la cuna y Agripina ordenó que se engarzase en un brazalete de plata en forma de víbora para que protegiera siempre al niño, que desde ese mismo instante lució en todo momento.

En casa de Domicia la educación del pequeño Lucio es encomendada a dos libertas griegas llamadas Egloge y Alejandra, aunque las malas lenguas puntualizaban que realmente se trataba de un bailarín y un barbero.

La realidad es que no importaba mucho el sexo de sus ayos; lo cierto era que a los cinco años el pequeño Lucio ya hablaba perfectamente el griego e incluso sabía conversar en el dialecto de la zona debido a su continuo contacto con los esclavos.

El niño vivía apaciblemente, ajeno a cualquier suceso que se pudiera estar produciendo en la gran ciudad, únicamente dedicado a las tareas que más le hacían disfrutar: los caballos, los ejercicios atléticos, las carreras y sobre todo la poesía, el teatro y la música.

Pero su existencia iba a dar un cambio radical cuando cierto día, a la edad de doce años, vio descender a su madre de un carruaje.

Supo que la forma de vida que tanto le gustaba había llegado a su fin, que tendría que abandonar el campo y a su tía, con la que había vivido sus últimos años y a la cual tenía en mucha más estima que a su verdadera madre.

Efectivamente, Agripina tenía intención, y, de hecho, así lo realizó, de llevarlo a vivir con ella a palacio, en donde tendrá que hacer frente a la abierta hostilidad de sus hermanastros. Además, una vez instalado en él, su madre volvió a dejar de prestarle atención, caracterizándose la relación entre ambos por una mezcla de amor y odio.

En la residencia palatina perdió toda relación que pudiera haber tenido anteriormente con la vida fuera de Roma. Se designó como preceptores a Berilo y Aniceto, este último con un papel muy importante en acontecimientos posteriores.

Mientras tanto, Agripina comienza a ejercer como la perfecta consorte imperial, aunque veladamente pone en marcha sus maquinaciones con el fin de alcanzar la meta que se ha trazado, es decir, conseguir que su hijo sea nombrado sucesor por Claudio, para lo que no tendrá ningún reparo en eliminar a cualquier persona que pudiera suponer un obstáculo para lograr sus objetivos o ella pensara que constituía una seria amenaza.

34

La madre de Lucio llegó a tal extremo que en cierta ocasión, al realizar Claudio un inocente comentario sobre el atractivo de una mujer de la clase patricia, Agripina se puso en guardia y su reacción no se hizo esperar. Al día siguiente esta dama había sido desterrada y todos sus bienes confiscados.

Agripina había conseguido que Mamio Polio ocupara ese año el cargo de cónsul y su primera diligencia iba a consistir en lograr que el Senado aprobara el enlace entre Lucio Domicio, el cual tiene doce años en esos momentos, 49 d.C., y Octavia, que cuenta siete.

Esta intención es apoyada unánimemente por la totalidad de los senadores, que amenazan incluso con hacer que el príncipe la acepte por medio de una moción, si en algún momento no estuviera de acuerdo con ella.

Sin embargo, y debido a la edad de los jóvenes, demasiado temprana para consumar esta unión, se aplaza para que pudiera realizarse dos o tres años más tarde, cuando Domicio tuviera quince o dieciséis.

En Roma los enlaces estaban tolerados a partir de los catorce años para los chicos y de los doce para las mujeres. Se habían prescrito prohibiciones para realizar matrimonios en las calendas, el primer día de cada mes, las nonas, que correspondían al séptimo día en los meses de marzo, mayo, julio y octubre, y quinto en el resto, y los idus, que eran el 15 de marzo, mayo, julio y octubre y el 13 del resto de los meses, así como en los días que tuvieran alguna connotación de tipo religioso.

Dentro de los ritos romanos existían tres formas diferentes de enlace: la primera consistía en el ofrecimiento de una torta de espelta, así denominada una variedad de escanda[32], a Júpiter Capitolino ante el sumo pontífice[33], acto por el cual quedaba vinculada la pareja; la segunda consistía en la entrega de la novia por parte del padre como si se tratara de una venta, y la última se realizaba cuando la unión se producía entre personas de diferentes clases sociales, aunque esta forma se debía llevar a cabo tras la coexistencia continuada de la pareja durante todo un año. Sin embargo, los tres tipos de unión habían sido sustituidos en este momento por una modalidad muy cercana a la actual.

En ella, al igual que en el presente, se celebraba una ceremonia en la que los pretendientes, previo beneplácito de los padres, se juraban fidelidad ante una serie de testigos. El novio ofrecía a su mujer, cuyo atuendo consistía en un vestido largo y liso sujeto por un cinturón con un doble nudo y un manto del mismo color que las sandalias, y en la cabeza un adorno con trenzas, una serie de regalos y un anillo. Más tarde se efectuaba un sacrificio a los dioses y un sacerdote leía las entrañas del animal y posteriormente se celebraba un banquete con todos los asistentes al acto, que podía llegar a durar hasta la noche, para después conducir a los recién casados a su casa.

Agripina, paulatinamente, estaba alcanzando todo lo que se había propuesto hasta ese momento. Había logrado que se la nombrara Augusta. Consiguió que la población de los Ubros, donde ella había nacido, se convirtiese en una colonia de soldados veteranos, que pasó a denominarse desde ese instante Colonia Claudia Augusta Ara Agripensis en su honor[34]; además determinó que pasara a contar con el estatuto de ciudad italiana.

Hasta tal extremo llegó su ambición que incluso llegó a ser trasladada al Capitolio en carroza, acción que sólo se había llevado a cabo con los dioses y las sacerdotisas.

Ya no podía pedir nada más. Se encontraba en la cima del poder, que ejercía a la sombra. Era la mujer que contaba con la mayor autoridad dentro del Imperio. Además, controlaba todos los resortes del gobierno, pues tenía gran influencia sobre Claudio, pero también gracias a su relación con Palas.

La madre del pequeño Ahenobarbo creyó llegado el momento de sustituir a los educadores de su hijo por otros que le inculcaran un concepto diferente del poder; para ello pasa a contar con los servicios de Lucio Anneo Séneca, filósofo que pertenecía a la escuela estoica[35], y con Sexto Afranio Burro.

Séneca era un hispano nacido en Córdoba; formaba parte de una familia del orden ecuestre, lo que serviría en un futuro al príncipe para contrarrestar la importancia de la clase patricia. Tenía una prometedora carrera, pues ya a los veinte años había ocupado el cargo de cuestor[36] y llegaría a convertirse en el consejero más importante de Lucio Domicio.

Séneca tenía la idea de Roma como una monarquía con un poder absoluto del príncipe, lo que no quiere decir que cualquier cosa fuera propiedad del César, sino que todo está bajo su autoridad. Piensa en la figura del César como una divinidad y cree en un trono o gobierno hereditario dentro de la dinastía fundada por Augusto, pues ésta es necesaria para la existencia misma del Imperio, para lo que dirige al príncipe un discurso donde compara a las divinidades con él diciendo que:

> ... los pondré como el mejor ejemplo posible con el que el príncipe puede asociarse, para que se comporte con los ciudadanos de la misma forma que desearía que los dioses se comportaran con él. [...] Pues si los dioses se pueden aplacar y ecuánimes no persiguen inmediatamente con rayos los delitos de los poderosos, cómo no va a ser más justo que un hombre puesto por delante de los otros hombres no ejerza el poder con espíritu de moderación y reflexione sobre cuál sea la mejor situación y más agradable a la vista [...]. Con un príncipe cruel no hay más que agitación y oscuridad entre gente temblorosa y aterrorizada con el más mínimo ruido, sí que deje de sentirlo el que todo lo perturba[37].

Durante el principado de Calígula tuvo ciertos problemas, ya que el César lo condenó a muerte, aunque posteriormente conmutó la pena debido a que la delicada salud de Séneca hizo prever que su fin estaba cercano, pero no fue así, y sobrevivió al mismo Calígula.

Posteriormente también se granjeó la enemistad de Claudio, pues fue acusado de adulterio al haberse convertido en amante de Julia Livila, hermana de Calígula, por lo que fue desterrado a la isla de Córcega en el 41 d.C. Sin embargo, Agripina hizo que pudiera volver de su ostracismo ocho años después para convertirse en el nuevo preceptor de Lucio.

Agripina lo veía como el consejero idóneo, pues entre sus defectos no se encontraba la gula; se alimentaba lo estrictamente necesario. Tampoco consumía alcohol, sólo bebía agua, ni cometió infidelidad, ya que cuando se casó, fue fiel siempre a su mujer, sin tener ni un solo amante, aunque sí se puede decir que no tenía ningún prejuicio, lo que, en contra de su filosofía estoica, le hizo amasar una fortuna y ganarse muchas acusaciones, pues se le llegaría a recriminar el hecho de haberse apoderado de 300 millones de sestercios del Tesoro público en un período de tan sólo cuatro años, practicar la usura, y no haber tenido ningún reparo en eliminar a sus adversarios y enemigos. Pero nada de ello se pudo demostrar nunca.

El otro preceptor de Lucio era Sexto Afranio Burro, asimismo integrante del orden ecuestre. Era oriundo de la Galia Narbonense. Ocupó el cargo de procurador durante el principado de Tiberio y Claudio. Cuando fue requerido para prestar sus servicios en palacio pasó a ocupar el cargo de prefecto del pretorio, para lo que se destituyó a los mandos de la guardia pretoriana, Lucio Geta y Rufio Crispino.

Los dos personajes, Séneca y Burro, tenían una idea común: la creación de un gobierno a imagen de los reinos helenístico-orientales. Es decir, quien tenía que tener todo el mando en sus manos debía ser el príncipe, sin que estuviese limitado por las leyes. No obstante, los grupos patricios debían seguir conservando sus privilegios, tanto económicos como sociales. Por ello Agripina alegó que era mejor que este mando de la guardia recayese sobre una sola persona, Sexto Afranio Burro, aunque casualmente él desconocía y nunca llegaría a saber, quién le había hecho ascender.

En marzo del 51, recién cumplidos los trece años, Lucio vistió la toga viril en el Foro, hecho este muy extraño, debido a que normalmente no se realizaba hasta los catorce años. Desde este momento pasó a ocuparse de algunos asuntos públicos, siendo designado por el Senado para el cargo de General en Jefe sobre todas las provincias. Para festejar su nueva posición dentro de la sociedad se llevó a cabo un sacrificio ante Júpiter Capitolino, se ofreció un donativo al ejército, y se distribuyeron alimentos entre el pueblo.

Con la reciente entrega de algunas funciones a Lucio, aunque sólo se tratara en definitiva de un nombramiento de tipo nominal, se producía una progresiva separación cada vez más evidente de Británico al trono, pues la emperatriz va a hacer todo lo posible para que sea fuera el que finalmente saliera elegido para ocupar el puesto de Claudio.

Debido a la situación que se ha creado y a la ambición que muestra en todo momento Agripina, se produce una concentración de todos los elementos contrarios a ella en torno a la persona del liberto Narciso, antiguo hombre de confianza de Claudio, que paulatinamente había ido perdiendo poder e influencia en beneficio de la Augusta.

Pero el liberto comete un error que le va a costar muy caro, pues le supone su caída en desgracia dentro de la escena política, debido a los hechos acaecidos en el momento de la inauguración del lago Fucino, trabajos que él personalmente había dirigido.

Durante su apertura se producen diversos incidentes debido al desbordamiento de las aguas, lo que unido al hecho económico, pues el gasto había supuesto más del doble de lo estipulado originalmente, hace que pierda toda la autoridad que hasta ese momento había ejercido, y sea relegado a un segundo plano por Agripina y su protegido Palas.

Los amantes consiguieron del Senado que se le concediera un mando consular a Lucio cuando llegara a los veinte años, lo que suponía adelantar la edad legal de acceder a este cargo. De la misma manera fue proclamado Príncipe de la Juventud, dignidad que le otorgaba mando proconsular fuera de Roma, y asimismo obtiene el nombramiento de Protector de la Ciudad, lo que le capacitaba para ejercer de juez en ausencia de los magistrados, aunque era un cargo teórico, ya que comúnmente los juicios eran aplazados hasta que alguno de los magistrados se encontraba en Roma, si bien Palas consiguió que Lucio pudiese arbitrar algunos juicios menores bajo la supervisión de Séneca.

En el año 49 d.C. se celebraron las Carreras Troyanas, según la tradición creadas por Eneas[38], en las que competían todos los jóvenes patricios, pero en esta ocasión la celebración se convirtió en un baño de multitudes y en un unánime apoyo a Lucio Domicio, lo que colocaba en una precaria situación al hijo del César, Británico.

En esta situación se llega al primer año de la década de los cincuenta; Agripina tenía todo el poder y su hijo se había situado en una posición muy favorable en la carrera hacia el principado, por lo que la situación era evidente; así que el 25 de enero del año 50 d.C., y por petición del liberto Palas, Lucio Domicio se convertía en hijo adoptivo del César, pasando a pertenecer a la *gens* Julio-Claudia y a situarse en el mismo escalafón que Británico, y era reconocido como sucesor de Claudio y como tutor de su hermanastro. Nadie criticó esta actuación, pues la inmensa mayoría pensaba que el hijo de Claudio no iba a durar mucho tiempo debido a sus enfermedades, entre ellas la epilepsia.

Lucio Domicio tomaba el nombre de Nerón Claudio César Augusto Germánico.

Parecía que ya no existía ninguna dificultad para que se consumara la mayor aspiración de Agripina: ver a su hijo sentado en el trono de Roma.

Poco a poco el enfrentamiento de los dos muchachos era cada vez más claro e incluso ella se llegó a quejar a Claudio de la forma de actuar de su hijo pues además de no respetar a

Lucio, se mofaba de su adopción, lo que podía ser considerado como un acto de discriminación.

Agripina llegó a la conclusión de que la única solución posible era sancionar a los preceptores de Británico, pues no estaban llevando a cabo una buena educación con él, por lo que mandó ejecutar a todos los que rodeaban al niño y colocó en su lugar un grupo de gente totalmente leal a su persona y por extensión a Nerón.

El hijo de Agripina tomaba un nuevo impulso cuando en el año 53 d.C. se producían los esponsales de Nerón, que en estos momentos contaba dieciséis años, y Octavia, que tenía doce.

Para conmemorar la unión se celebraron juegos de circo y cacerías en honor del César. Además se llevaron a cabo algunas medidas de tipo económico, como la supresión de impuestos a la ciudad de Troya o una donación de unos 10 millones de sestercios a la colonia Boloniense para ayudarla a recuperarse del incendio que había sufrido.

Mientras Lucio iba acumulando títulos, su madre no se encontraba ociosa, ya que había dejado de compartir las habitaciones con Claudio y se trasladó a los aposentos más alejados de palacio. Además, en estos momentos practicaba su particular forma de interpretar la justicia, comenzando por desquitarse de su antigua cuñada Domicia Lépida; para ello obtiene numerosos falsos testimonios que la acusaban de mantener un grupo de esclavos en sus posesiones de Campania que estaban creando alborotos.

En el año 54 d.C. la emperatriz logró que fuera juzgada por un tribunal imperial, e incluso Lucio, a pesar de que tenía un gran cariño por su tía, testificó en su contra esperando con ello agradar a su madre. Finalmente fue declarada culpable por el príncipe, el cual, convencido por Agripina, no dilató la sentencia; así, el mismo día del juicio fue ejecutada.

Posteriormente la mujer de Claudio deseaba poseer la hacienda de su vecino Estatilio Tauro, personaje que gozaba de grandes riquezas, por lo que no descansó hasta ver al hombre acusado de diversos cargos, que finalmente lo llevaron al suicidio.

Pero durante este año se originan en Roma una serie de acontecimientos que enrarecen el ambiente y se producen una serie de hechos que llevan a muchas personas a reconocer en ellos presagios que auguran multitud de sucesos nefastos que se van a producir en la ciudad.

Uno de esos acontecimientos era la posición de Claudio, pues se encuentra muy irritado por las constantes manipulaciones que lleva a cabo su mujer. Por otra parte, Narciso, aunque relegado a un segundo plano, todavía tenía capacidad de llegar al príncipe y continuamente intentaba disponer al César en contra de Agripina.

Hasta que se produjo lo inevitable.

En otoño, Claudio parecía que se había arrepentido de su unión con Agripina, así que comenzó a acercarse más a su hijo Británico y a meditar la posibilidad de proclamar a su hijo como heredero, lo que significaba restablecerle todos los derechos al trono.

El César adelantaba la edad legal de su hijo en tres años para que pudiera vestir la toga viril, lo que significaba que en cualquier momento iba ser proclamado su sucesor en detrimento de Nerón.

Esta reacción del príncipe llevó a que en Agripina cundiera la alarma, por lo que creyó llegado el momento de actuar de manera diferente con Británico. Así cambia su trato hacia él, comenzando a hacerle objeto de sus atenciones y mimos, situación que levantó los recelos del propio Narciso.

Pero Agripina sabía que debía hacer algo pronto, pues el principado estaba en juego; sin embargo, su oportunidad la obtuvo de un modo inesperado.

Narciso enfermó, y fue obligado por Jenofonte, el médico imperial, a abandonar Roma y marchar a la estación termal de Sinuesa, en la Campania, durante un período de 15 días o un mes.

La emperatriz sabía llegado el momento, así que no se hizo esperar y tramó un plan para eliminar al César.

El 12 de octubre se conmemoraban las Augustalias, en que se rendía un homenaje al día del nacimiento de Augusto, por lo que en palacio se celebraba el banquete de costumbre y, como siempre, Claudio bebería y comería en exceso.

En los banquetes generalmente las personas se tendían sobre camas de mesa, normalmente para tres ocupantes (eran los triclinia), o sólo para dos (biclinia), que estaban situadas en torno a mesas circulares donde se encontraban las viandas. Normalmente la comida era troceada por un esclavo antes de ser servida y los asistentes al convite la comían utilizando los dedos o una cuchara. Comenzaba con una serie de platos ligeros para abrir el apetito, huevos o pescado, y seguidamente se servía la parte principal del banquete, con platos variados de carne de vaca, cerdo, aves, etc., cocinados de diferentes maneras. El postre se componía de frutas y quesos variados y durante toda la comida no faltaba el vino.

Agripina había ordenado que se cocinasen setas, pues era el plato favorito del César. Tras ser catadas por su probador y no apreciando ninguna anomalía en ellas, las entregó al príncipe.

Lo cierto es que el catador, instantes después de haber probado la comida, arrojó sobre ella un veneno y Claudio, haciendo gala de su voracidad y sin sospechar nada, las engulló con gran ansia ante la mirada atenta de la emperatriz. Posteriormente continuó comiendo y bebiendo, hasta que en un momento dado comenzó a hacer amagos de vomitar, cosa que preocupó a Agripina, pues con ello expulsaría el veneno de su cuerpo. El médico imperial, Jenofonte, acudió a auxiliar al príncipe, y le introdujo en la garganta una pluma que utilizaba para hacer vomitar a los asistentes, aunque esta vez el instrumento iba a ser empleado para ayudar a asesinar al César, pues en el extremo que se introducía se encontraba el verdadero veneno mortal.

Al penetrar la pluma en la garganta de Claudio, el César se desmayó inmediatamente. Agripina, demostrando una gran sangre fría, actuó como la perfecta mujer angustiada por la salud de su marido, impartiendo órdenes a los sirvientes, preguntando al médico sobre el estado del emperador mientras se acercaba al cuerpo de éste intentando ayudar lo máximo posible.

Paralelamente estableció que el palacio se aislara del exterior para que no se propagara la noticia, por lo que ordenó a los danzarines y actores que no se marcharan de la residencia palatina, sino que esperasen a que Claudio recobrase el conocimiento para poder continuar con la fiesta.

Pero por otra parte Agripina ya había mandado que se informase a los senadores de lo acontecido esa noche, y éstos a su vez tenían la misión de informar al pueblo para que se difundiera el rumor.

Durante toda la noche las noticias se iban sucediendo con numerosas contradicciones, pues de palacio los comunicados se producían a cuentagotas, aunque la información trascendental se daría al amanecer, cuando desde el Palatino se aseguraba que la salud del príncipe estaba mejorando.

Mientras tanto en palacio, la emperatriz, por medio de su amante, el liberto Palas, había ordenado que los hijos de Claudio: Británico, Octavia y Antonia, hija del príncipe y de Elia Petina, se encontraran encerrados en sus habitaciones. Por su parte, Nerón era totalmente ajeno a la situación que se estaba produciendo a pocos metros de él, pues dormía plácidamente en sus aposentos; así que desconocía totalmente los sucesos que se estaban ocasionando en esos mismos momentos.

Entrada la madrugada, llevando a cabo el papel de esposa y madre desconsolada, visitó a los tres niños, que se encontraban despiertos en la misma estancia; acto seguido se fundió en un abrazo con ellos y al preguntar Británico, les anunció que su padre, Tiberio Claudio Druso Nerón Germánico, había fallecido.

La noticia no tardó en propagarse por toda la ciudad, llenando de estupor y recelo a la población, ya que las noticias que hasta ese momento se habían divulgado coincidían en señalar la recuperación del César.

Para la preparación del magnicidio Agripina había contado con la colaboración de dos apoyos muy importantes; por una parte Locusta, mujer conocida por sus pócimas y brebajes, y por otra Jenofonte, el médico imperial, que fue la mano ejecutora del asesinato.

Agripina, tras haber atado todos los cabos, pretendía que su hijo fuera nombrado príncipe lo antes posible, pues necesitaba evitar que se pudiera leer el testamento dejado por Claudio, ya que se encontraba completamente segura del cambio producido en él por el César, que sin duda lo había reemplazado en favor de Británico.

Pero Palas ya se encontraba llevando a cabo las gestiones necesarias que pudieran obtener el apoyo de los cortesanos e inclinar la balanza a favor de Nerón.

Mientras tanto Burro marchó a las habitaciones de Nerón, en donde el muchacho, alejado de todo lo acaecido aquella noche, despertó sobresaltado, mostrándose muy confuso cuando se le exhorta a vestir los atributos imperiales, pues hasta ese momento nadie le había puesto al tanto de la situación y no sabía qué era lo que estaba pasando en el palacio o en la ciudad.

Lo primero que los asesores y Agripina pensaban que había que hacer era ganarse el favor de los pretorianos. Así, el día 13 de octubre del 54 d.C. a mediodía la guardia se encontraba formada frente a los accesos del Palatino. Instantes después, las puertas se abrían para dejar pasar al jefe pretoriano junto al nuevo príncipe. Pero las filas de los soldados fueron recorridas por una ola de estupor; muchos pretorianos desconcertados se preguntaban dónde se encontraba Británico, mientras que otros, aleccionados y ganados para la causa con anterioridad por medio de diversas sumas de dinero, aclamaban a Nerón y le proclamaban como nuevo César.

Pasado el primer momento de confusión el resto de la guardia comenzó a vitorear a Nerón como nuevo Augusto.

Seguidamente Nerón atravesaba la ciudad y marchaba hacia el campamento de los pretorianos donde se encontraban congregados a la espera de escuchar la arenga que les iba a dirigir el joven.

*Adivino prediciendo el futuro a través de las entrañas
de un animal, grabado del siglo XIX.*

Asesorado por Burro, que no se separó de él en ningún momento para mostrar el apoyo de los oficiales pretorianos a su persona, comenzó su discurso, ofreciendo a los soldados, al igual que su padre adoptivo, 15.000 sestercios por cabeza, distribución gratuita de trigo suplementario mensual y la fundación de una colonia para los veteranos en su ciudad natal, Anzio.

Los pretorianos aclamaron cordialmente a su nuevo líder, concediendo de esta forma su visto bueno al muchacho, que se convertía en el nuevo César.

Nerón iba a cumplir por entonces diecisiete años.

III. EL QUINQUENIO ÁUREO

Nerón había conseguido el apoyo de los pretorianos, sostén muy importante en los últimos años en los cuales ellos habían mantenido en su mano la posibilidad de nombrar y destituir a los príncipes según sus necesidades o simplemente a su antojo.

Posteriormente se encaminó al Senado, en donde Séneca, con su fluida oratoria y asimismo con grandes cantidades de dinero, había conseguido convencer a todos los senadores, por lo que a la entrada del príncipe todos lo elogiaron de manera unánime, prestándole juramento uno a uno.

En sus discursos, aunque el nuevo príncipe era un admirador de la cultura helénica, así como de las formas políticas helenístico-orientales, defendió la idea de recuperar las viejas formas de gobierno, cuando el Senado gozaba de un gran peso en las decisiones.

Durante los primeros períodos de su gobierno, este pensamiento se vería plasmado en la práctica, pues el Senado intervendrá frecuentemente en asuntos institucionales o sociales y tendrá cierto poder de decisión en algunas causas civiles[39].

Para ganarse a los patricios Nerón ofreció a los descendientes de familias nobles, que no disfrutaban de una economía muy próspera, una ayuda anual que en algunos casos llegaba al medio millón de sestercios, acción que también llevó a cabo con el orden ecuestre. Con el pueblo utilizó del mismo modo la situación económica para ganárselo, repartiendo 400 sestercios por cabeza y doble ración de trigo para los mendigos.

Nerón todavía no podía creer lo que había pasado, pero su madre no cabía en sí de gozo, ya que por fin podía deleitarse viendo hasta dónde había llegado, sintiéndose muy orgullosa por el hecho de saber que había conquistado todo aquello que había proyectado.

De regreso a palacio, se producía una anécdota que ponía el colofón al éxito total de Agripina, cuando el oficial de guardia solicitó a Nerón el santo y seña que iba a ser utilizado por la guardia ese día, y el futuro príncipe, sin pensarlo dos veces, respondió con la frase *la mejor de las madres*. En esos momentos se pudo decir que la viuda de Claudio había triunfado totalmente.

Dos días después de su elección, la asamblea otorgó al nuevo César numerosos títulos y honores, los cuales fueron recibidos con gran alegría y satisfacción por parte de Nerón, aunque prudentemente rechazó uno de ellos, el nombramiento de Padre de la Patria, pues no veía lógico que con diecisiete años pudieran otorgarle este tratamiento personas que le triplicaban la edad; tampoco admitió que se levantaran estatuas en su honor, comportamiento que fue recibido de muy buenas maneras entre los senadores, que sustituyeron este título para concederle la dignidad de Príncipe de la Juventud, honor que ya había ostentado en el 51 d.C., y que también habían lucido tanto Tiberio como Calígula.

Séneca y Burro recibieron el tratamiento de Consejeros del César y, después de la misma Agripina, fueron las personas más influyentes del Imperio, e incluso Séneca llego a ser promovido por ella al cargo de Pretor. Se convirtió en el teórico del régimen, defendiendo el poder unipersonal como uno de los mejores sistemas existentes, por lo que veía con buenos ojos la atracción que Nerón sentía hacia los sistemas helenístico-orientales como forma de poder.

El nuevo príncipe preparó una gran ceremonia con motivo de las pompas fúnebres de Claudio, tal como habían sido los deseos del César fallecido, los cuales fueron aceptados por el Senado. Así, los ritos funerarios se celebraron con gran solemnidad, practicándose una serie de conmemoraciones semejantes a las que se efectuaron en honor a Augusto. A Claudio, además, se le hizo incluir entre los dioses.

Mas Nerón, al mismo tiempo, otorgó los más altos honores a la memoria de su padre natural, Gneo Domicio, para el que pidió que se le dedicase una estatua.

Durante la realización de los actos fúnebres declaró públicamente que iba a gobernar de acuerdo con los preceptos de Augusto. Quería acabar con la corrupción existente en Roma, así como respetar los privilegios del Senado, siguiendo el modelo político de Augusto, pero sin significar una vuelta a él, lo que en la práctica se traducía en intentar mantener un equilibrio entre un gobierno de corte absolutista y el Senado.

Este período que se estaba abriendo era totalmente nuevo, habiendo roto con el pasado, de tal manera que incluso en cierta ocasión cuando el príncipe estaba obligado a firmar unas penas de muerte se le oyó decir que le hubiera gustado en esos momentos no saber escribir.

Verdaderamente el reinado de Nerón se iba a convertir en el añorado principado de paz y esplendor que se había buscado continuamente en el pasado.

Pero en ello iba a chocar de frente con su madre, pues ésta buscaba estancar la situación como en los tiempos de Claudio, con el fin de seguir manteniendo todo el control.

Para salvaguardar la situación política tal y como se había practicado hasta ese momento, Agripina se encontraba apoyada por una serie de personajes que asimismo querían que la situación siguiera como en el gobierno anterior, sobre todo hombres del orden ecuestre y comerciantes, que en su mayoría habían sido seguidores de Claudio. No obstante, la madre del príncipe contó con un gran poder, en los primeros años de gobierno de su hijo, y no dudó en utilizarlo para eliminar a las personas que habían intentado dañarla de alguna forma durante el transcurso de la renovación de la figura del príncipe. Si bien enfrente tenía a dos personajes muy influyentes y poderosos como eran Burro y Séneca, los cuales iban a luchar tenazmente tanto para que la inmensa mayoría del poder recayera únicamente en la persona de Nerón, como para frenar la sed de venganza que caracterizaba continuamente a Agripina.

Durante el período conocido como Quinquenio Áureo o Quinquenium Neronis, que englobaba la segunda mitad de la década de los cincuenta, el príncipe no se preocupó excesivamente por los asuntos públicos o los políticos, dejando estas materias en manos de sus consejeros. Tampoco se prodigó en sus apariciones públicas. Únicamente se advierte en esta etapa su gusto por los actos musicales y espectáculos, así como por una de sus grandes aficiones, las correrías nocturnas. Con todo ello el nuevo principado se presentaba como un nuevo renacer, en el que todo el mundo podría vivir el sueño de los justos y se podría terminar con las injusticias pasadas, en las que el verdadero gobernante no sería un personaje a la sombra de un hombre decrépito y decadente; el reciente gobierno se había comprometido a que su única y mayor preocupación fuese Roma y sus posesiones. El joven había sido bien enseñado por sus preceptores y Séneca podía sentirse orgulloso por la elocuencia que demostraba tener Nerón.

A la vuelta de Narciso de su cura en la Campania, Roma ya no era la ciudad que había dejado y se encuentra totalmente aislado, sin ningún tipo de apoyo. Él tenía claro que tarde o temprano su vida iba a peligrar, pues cualquiera de los dos muchachos que hubiera sido el sucesor de Claudio tenía motivos para ello. Británico, porque podría vengarse de él, ya que fue el principal promotor de la muerte de su madre, Mesalina, y con respecto a Nerón, no temía por él, sino por Agripina.

Y así fue. Ella sabía que se había opuesto a su enlace con Claudio y desde ese momento sus enfrentamientos habían sido frecuentes, pues intentaba que Nerón no se hiciera con el principado.

Al liberto se le ordenó retirarse a sus posesiones del sur de Italia, pero posteriormente la madre del César hizo que se lo condenase a muerte, acusándolo de traidor. Al ser informado de esta decisión, prefirió suicidarse. Al llegar la noticia a oídos de la madre del príncipe, se sintió muy complacida y acto seguido realizó los pertinentes trámites para que sus propiedades fueran confiscadas por el Estado.

Agripina consiguió además numerosos privilegios: el Senado, a instancia del príncipe, ratificó su dignidad de Augusta y posteriormente recibió el título de General en Triunfo, con lo que tenía la prerrogativa de ser precedida por dos lictores portadores de fascios coronados de laurel; aparte de ellos también consiguió que se le asignase una guardia personal de mercenarios germanos, los cuales al entrar a su servicio habían jurado suicidarse cuando ella muriera; se le concedió el rango de sacerdotisa de Claudio, que había sido elevado a la condición de dios, lo que le otorgaba prebendas y exenciones. Consiguió que las sesiones del Senado se celebrasen en palacio para que ella pudiera seguirlas en persona, oculta tras una cortina, lo que constituía un hecho insólito, puesto que las mujeres tenían terminantemente prohibido asistir a las sesiones de la asamblea.

Poco después de eliminar a Narciso, Agripina consigue otra presa, Marco Junio Silano, hermano de Lucio Junio Silano, el hombre que había estado prometido a Octavia.

La Augusta temía que éste quisiera llevar a cabo la venganza por la muerte de su familiar, por lo cual pensó que no había otra manera de solucionar el problema más que con su eliminación.

Silano durante este período se encontraba ejerciendo el cargo de procónsul en Asia, así que la mujer se había hecho con los servicios de sus ayudantes, que no tuvieron ningún reparo en ayudarla gentilmente a cambio de cierta suma de dinero y fueron los encargados de envenenar al procónsul durante el transcurso de un banquete; se llegó a rumorear que ni tan siquiera se molestaron en ocultar el asesinato a la vista de los asistentes. Marco Junio Silano tenía cuarenta años cuando murió.

Nerón solamente se enteró de este hecho una vez que ya había sido llevado a cabo y es muy posible que tampoco hubiera conocido el final de Narciso, así como la muerte de su tía

Lépida o la de Claudio, pues durante este período se encontraba entregado en cuerpo y alma a su madre. Pero el conocimiento de estos crímenes sirvió al príncipe para hacerle abrir los ojos y conocer un poco más a su madre, además de ponerle en guardia y llegar a temer su manera de actuar. Debido a ello, con el fin de dejar claro quién era la persona que se encontraba sentada en el trono, en diversas ocasiones tomó una serie de decisiones que no favorecían los intereses de Agripina.

El Senado también estaba rendido a los pies de Nerón, por lo que en alguna ocasión se oyó decir al nuevo príncipe que todavía era muy pronto para que se valorasen sus acciones, que se debía esperar más tiempo. Los Padres de la Patria incluso querían levantarle una estatua en el templo de Marte y hacer cambiar el comienzo del año para que éste se iniciase en diciembre, al ser el mes en que había nacido Nerón, a lo que el joven se negó.

Las actuaciones de la Asamblea venían marcadas por la situación a la que habían tenido que hacer frente durante los últimos principados, tanto de Tiberio, como de Calígula y Claudio, pues este órgano no tenía ningún valor, se había convertido simplemente en un mero adorno. Pero durante este período volvían a tener la oportunidad de poder influir en la forma de gobierno, gracias a la sensatez del nuevo príncipe.

La primera piedra de toque para su recién estrenado principado provenía de los territorios del oriente, en donde aparecieron problemas con los partos.

Este pueblo, entroncado con los primeros iranios, se asentó en el primer milenio a.C. en la zona entre el sureste del mar Caspio y el mar de Aral. Tenía una organización similar a la feudal, con un rey a la cabeza e inmediatamente después una élite guerrera.

Hacia la segunda mitad del siglo III a.C., un individuo, Arsaces, consiguió independizarse del reino de los seléucidas, y fundó la dinastía arsácida. Desde su núcleo originario los partos se irán extendiendo progresivamente hasta controlar un territorio que abarca desde el río Éufrates al oeste hasta el río Oxus al este, estableciendo su capital en Ctesifonte, en el río Tigris, cercana a Babilonia y a la ciudad de Seleucia. Su ventaja en la batalla fue la posesión de una caballería sólidamente defendida por armaduras, algo insólito hasta ese momento en la zona.

Cuando no llevaba más que unos meses como príncipe, Nerón debía hacer frente a una invasión de los partos sobre Armenia, que colocaron a Tirídates en el trono de este reino; una embajada armenia llegó a Roma para solicitar su apoyo. Todas las miradas se dirigieron expectantes al joven César, preguntándose cuál iba a ser su forma de actuar y su decisión. Las medidas que llevó a cabo hicieron que todos pensaran en la gran sabiduría que demostró.

Nerón proclamó que el Imperio acudiría en ayuda de los armenios, situación que fue apoyada por todo el Senado. Pero el problema principal era a quién iba a colocar al mando de las fuerzas, decisión esta muy delicada, pues existían recelos entre los diferentes grupos de poder; pero la conclusión a la que llegó el príncipe volvió a ser elogiada, pues al mando de las legiones situaba a un hombre capaz, con gran carisma y que contaba con el afecto de sus soldados, Domicio Corbulón.

Se decretó la movilización de tropas en las provincias orientales con el fin de reforzar a las legiones que llevarían a cabo una doble actuación: entrar en Armenia y protegerla, y por otro lado, invadir el territorio parto. Al mismo tiempo Nerón, buscando la solución del conflicto por la vía diplomática, envió emisarios al rey parto, Vologeso.

La diosa Fortuna se iba a aliar con Roma, ya que en estos momentos se produjo un clima de inestabilidad dentro de territorio parto debido a los problemas internos de la familia real, lo que hizo que sus tropas se retiraran de Armenia.

Los romanos no cabían en sí de gozo. No sólo habían solucionado los problemas en Oriente, sino que no había habido necesidad de entrar en combate. Ahora sí estaban todos de acuerdo en que se iba a asistir a un período de grandeza y seguridad.

Pero dentro de palacio desde momentos muy tempranos existían diversos elementos que se enzarzaron en otra lucha alrededor del César. Agripina, la que había sido valedora de Séneca y Burro y los aupó a la posición que ocupaban en esos momentos, comenzó a perder su apoyo, pues veían a la Augusta como una mala influencia para Nerón debido a su extremada ambición y violencia, así como a la forma de influir en su hijo con el fin de acceder a todas sus ambiciones, para lo que no tuvo reparo en utilizar a Octavia, la mujer del emperador, como instrumento para interferir en sus decisiones.

En relación con la hija de Claudio, no se conocían los sentimientos de Nerón hacia su esposa, aunque lo cierto es que jamás visitaba sus habitaciones. El príncipe se adentraba en una vida un tanto libertina y, sin ir más lejos, ya había comenzado a practicar relaciones homosexuales. Se rodeaba de una camarilla de amigos formada, entre otros, por Otón, el futuro príncipe del 69, Claudio Senecio, o libertos como Paris, que además de encontrarse en todos los banquetes que el César realizaba, normalmente salían disfrazados de esclavos o miembros de la plebe urbana.

En Roma la noche siempre era peligrosa. No existía ningún tipo de iluminación pública, por lo que al caer la tarde toda la ciudad entraba en el mundo de la oscuridad, reinando las tinieblas. Muchas personas se hacían acompañar por esclavos que portaban antorchas, pero los más modestos tenían que conducirse con la sola luz de una candela, siendo las víctimas perfectas para todo tipo de actos.

A esta situación se añadía también el comienzo del movimiento de los carros y vehículos privados, sólo permitido por las noches, lo que resultaba peligroso, pues en la oscuridad los conductores no podían percibir si había delante de ellos personas, con el consiguiente riesgo de atropello, pero no por ello iban a poca velocidad. Otro de los peligros era lo que podía caer en la cabeza del transeúnte desde las ventanas de las casas, pues aprovechando esta oscuridad los habitantes se deshacían de todas sus basuras[40].

Por las noches Nerón y sus amigos, amparados en la oscuridad reinante, frecuentaban los lugares más concurridos de Roma, en donde, aprovechándose de su incógnito, el príncipe se calaba un gorro que le ocultaba la cara, y se tomaban todas las libertades que se les antojaba. Paulatinamente estas salidas fueron siendo más salvajes, y en ellas comúnmente estaban presentes las riñas y las amenazas a los transeúntes que a esas horas volvían de regreso a sus casas. Había casos de caminantes que al regresar a su casa tras haber cenado fuera, eran golpeados y heridos e incluso arrojados a las alcantarillas; mujeres que corrían el riesgo de ser violadas, etc. Otra de sus diversiones era derribar las puertas de las tiendas y saquearlas, llegando a divulgarse que en palacio se abrió una cantina donde se subastaban todos los objetos que Nerón o sus camaradas de correrías habían robado en sus andanzas nocturnas[41].

Pero una noche, la situación degeneraría en poco menos que una tragedia. Nerón y su grupo de compinches se encontraban realizando uno de sus habituales atropellos nocturnos, cuando en ese momento se les cruzó un individuo que se enzarzó con el príncipe, el cual recibió un severo correctivo.

A la mañana siguiente el César llevaba a cabo sus despachos de costumbre cuando descubrió que la persona a la que se había enfrentado la noche anterior no era otro que el senador Julio Montano, el cual se quedó angustiado y presentó sus excusas al príncipe, que no fueron recibidas de muy buena gana.

El senador, viendo en la respuesta del César una velada amenaza, decidió suicidarse. A partir de este episodio, cuando salía a realizar sus tropelías nocturnas, siempre iba escoltado por un grupo de pretorianos que lo custodiaban a cierta distancia, también de incógnito, y cuando veían que las cosas se ponían feas, actuaban. Paulatinamente estas actuaciones fueron la comidilla de toda Roma.

57

Poco a poco las relaciones con su madre fueron empeorando, por una parte, a causa de sus ambiciones, y, por otra, por los consejos de sus preceptores, que instaban al César a alejar de la política a Agripina. Además, en estos momentos a ello se le sumó otro foco de conflicto, pues Nerón se encaprichó de una esclava y ahora liberta, llamada Acté, la cual ya había tenido amantes dentro de palacio, pero no por ello se opuso a iniciar una relación con el emperador.

En un principio su idilio se llevó en secreto, pero pronto Nerón comenzó a cambiar sus hábitos y ya no se unió a las juergas nocturnas tanto como en ocasiones anteriores, pues la realidad era que se había enamorado, lo que llevó a su cuadrilla a sospechar algo, hasta que el príncipe finalmente les puso al tanto de su pequeño misterio.

Esta circunstancia llegó muy pronto a oídos de sus preceptores. Por supuesto, Nerón tenía un profundo temor a que su madre pudiera llegar a conocer esta situación, por lo que Séneca comenzó a mover sus fichas con el fin de encontrar un disfraz para esta relación y muy pronto la liberta fue agasajada por un personaje del orden ecuestre que contaba con una gran fortuna. El príncipe públicamente vio con buenos ojos este flirteo, y con ello se intentó que la relación no llegara a oídos de Agripina, aunque a ella su olfato no la engañó descubriendo todo el entramado.

Su reacción no se hizo esperar y montó en cólera comportándose como jamás la había visto nadie de palacio, momento que aprovechó Palas para aguijonearla aún más contra su hijo. Nerón, frente a lo que cabía esperar, esta vez no se atemorizó y respondió con lo que más temía su madre; como la causa había sido la relación pecaminosa que el príncipe mantenía con una liberta, lo que manchaba la dignidad imperial, el César consideró en hacer pública esta situación, lo que también afectaría públicamente a Octavia, pues esta actuación conllevaría que ella sería repudiada y su idilio con Acté se legalizaría.

La antigua esclava se comportó de una forma serena, puesto que no aprovechó la ocasión para empujar al César a llevar a cabo sus proyectos y, por el contrario, se mantuvo totalmente al margen.

La situación degeneraba cada vez más, pues los herederos legítimos al trono eran Británico y Octavia, por lo que si decidía finalizar esta acción podría ser considerado como un usurpador, así que sus consejeros intentaban apaciguarle para que no llevara a cabo sus amenazas, cosa que consiguieron, pero no sin gran esfuerzo.

Inmediatamente su madre cambió con una rapidez inusitada su forma de actuar y dejó de lado la furia que hasta ese momento la había movido. Este giro en los acontecimientos hizo que los allegados de Nerón le solicitasen cautela, pues conocían las intrigas que era capaz de llevar a cabo Agripina.

Nerón, en un intento de acercamiento, ofreció a su madre diversas prendas provenientes de los guardarropas imperiales, entre los que se hallaban las vestiduras utilizadas por las mujeres pertenecientes a la dinastía Julio-Claudia. Contrariamente a lo que el príncipe esperaba, ella volvió a encolerizarse, esta vez de forma más afilada, y por medio de Palas le echó en cara que una madre no podía comprarse con trapos. Al recibir la contestación, al César sólo le viene una idea a la cabeza: piensa que ya es hora de acabar con los excesos y los atrevimientos del amante de Agripina.

Mientras, Palas seguía espoleando la ira y el odio de la mujer, llenándole la cabeza de afirmaciones en contra de su hijo, llegando hasta tal punto que Agripina, en algún momento, debió de amenazar a Nerón con apoyar a Británico y poner en su contra a los pretorianos. Esto significaba la sentencia de muerte del hermanastro del emperador.

Nerón comenzó a temer por su situación y llegó a la conclusión de que había que eliminar a Británico, pues al fin y al cabo era su adversario al ser el hijo legítimo de Claudio, con lo que podía aunar una serie de personas a su alrededor, ya que mucha gente pensaba que Nerón era un advenedizo y sentía que la situación en que se había dejado al verdadero heredero era muy cruel.

Así se llegó a las fiestas en honor a Saturno, divinidad romana que fue identificada con el Cronos griego; en un principio estaba relacionado con la agricultura, para convertirse posteriormente en un dios civilizador.

Sus conmemoraciones, conocidas como Saturnalias, se celebraban en diciembre, durante el solsticio de invierno, coincidiendo también con el cumpleaños del César. En ellas, durante un día, la sociedad daba un vuelco y las clases se mezclaban; los esclavos podían ordenar diferentes cosas a los amos, que tenían que obedecer; igualmente reinaba una libertad total.

Durante estas fiestas se realizaba un gran celebración en palacio que contaba con la presencia de la mayoría de las familias patricias.

Esta vez, el príncipe había hecho que estuviese toda la familia imperial presente en el banquete. Después de la comilona se realizaba por parte de los invitados una interpretación que en estas ocasiones estaba exenta de cualquier prohibición, por lo que los actores podían tratar cualquier tema con total libertad.

Fueron interviniendo diferentes personajes, hasta que llegado el turno se levanta Británico, con su aspecto enfermizo, y anuncia a su auditorio el tema que ha elegido para distraerlos, titulado Andrómaca. Seguidamente comienza a entonar el poema, *O Pater! O Patria! O priami domus*[42], en el que se esbozan ciertas connotaciones con su propia vida[43], las injusticias que se han cometido con él: usurpación del trono, de las riquezas, de su misma libertad... Nerón observaba a su madre y a Palas, que se encontraba como siempre junto a ella, e inmediatamente comprendió que esto era obra suya, si bien instigada por el antiguo liberto.

Cuando Británico terminó de recitar, en la sala se hizo un silencio absoluto, solamente roto cuando comenzaron a producirse numerosos aplausos. El César, imperturbable, sabía que en

Cabeza de Nerón procedente de Cilicia (Turquía),
bronce del siglo I, en el Museo Nacional del Louvre.

ese momento no podía llevar a cabo ninguna acción que lo colocara en una difícil situación delante de todos, pues según las tradiciones antiguas, en las festividades de las Saturnalias existen todas las libertades posibles, sin prohibición de ninguna clase.

Pero la suerte ya estaba echada.

Las consecuencias de esa noche se apreciaron muy pronto. El príncipe no iba a tolerar más provocaciones de un liberto. No obstante, sabía que no podía deshacerse de él sin poner en peligro su posición, pues Palas junto con su madre fueron los ejecutores de la trama que le alzaría a él, Nerón, al poder.

Emplazó a Palas a abandonar el palacio y retirarse a sus posesiones, prometiéndole que no correría ningún peligro por los hechos llevados a cabo en el pasado.

El César había matado dos pájaros de un tiro, pues eliminada esta pieza del tablero, también consiguió que la posición de su madre se debilitara. Por tanto, no era de extrañar que ella pusiera el grito en el cielo; pero en su furia cometió el error de nombrar a Británico.

Agripina advirtió a su vástago que la situación podía cambiar, pues el hijo de Claudio pronto tendría edad para poder subir al trono si era apoyado por los pretorianos...

Tras las fiestas en honor a Saturno, se celebraban las Sigilarias, en las que existía la costumbre de regalar figurillas.

En palacio, como de costumbre, se celebra un banquete en el que se encontraba presente la Corte imperial. Cada uno ocupaba su lugar habitual. Los niños y adolescentes presentes en la fiesta se encontraban todos juntos, bajo la vigilancia de sus parientes más cercanos.

De repente, en esa zona se produjo una gran excitación; Británico estaba sufriendo un ataque espasmódico, y era presa de grandes convulsiones. Acto seguido cayó inconsciente en su cama bajo la curiosa mirada de todos los asistentes.

Nerón había estado ingeniando un plan para eliminar a su hermanastro. Para ello había contado con la ayuda de Julio Polio, tribuno de los pretorianos, y de la famosa hechicera llamada Locusta, que en estos momentos se encontraba encerrada por preparar venenos y pócimas.

El César le había solicitado un veneno para eliminar a Británico, que le fue proporcionado a éste por sus propios tutores, aunque en esta ocasión sus propósitos fracasaron, puesto que el niño vomitó lo que había ingerido.

Al recibir las noticias, el príncipe, visiblemente decepcionado, ordenó la muerte de la bruja, y advirtió al tribuno de las consecuencias de su fracaso, pero ambos pidieron a Nerón que tuviera confianza en ellos y se ofrecieron a realizar el asesinato durante el transcurso de otro festejo.

Para ello utilizaron el veneno más violento que pudieron conseguir.

Ya en el banquete, a Británico se le ofreció una bebida. Como es normal, previamente había sido examinada por su catador, que al no ver nada extraño, se la entregó al muchacho. Pero Británico, bien porque estaba muy caliente, bien porque era muy fuerte la rechazó. Entonces, un esclavo vertió agua fría en ella para rebajarla; ésta era la que contenía el veneno, y el muchacho al ingerirla cayó como un rayo, sin darle tiempo a reaccionar, y comenzó a tener grandes convulsiones.

Todos los asistentes miraron el cuerpo del chico y más de uno no pudo dejar de sospechar quién había sido el artífice del crimen, puesto que muy pocos podían pensar que se trataba de una situación natural.

Nerón, con una pasividad glacial, mostrándose en todo momento imperturbable mientras miraba a su madre y a su mujer, se dirigió a los invitados para señalar que se debía de tratar de uno de sus muchos ataques epilépticos, pero las dos mujeres comprendieron de inmediato de qué se trataba.

La situación se volvía trágica. Algunos invitados optaron por marcharse precipitadamente, mientras que otros, más juiciosos, se mantuvieron en la sala sin intentar exteriorizar ninguna clase de emoción o sentimiento; de esta forma, la fiesta siguió su curso.

La misma noche en que ocurrió el despreciable crimen, bajo un gran aguacero el cuerpo de Británico fue incinerado y se enterró según el ceremonial antiguo, sin dilación, en el Campo de Marte.

En este momento hay que hacer un inciso en el que cabe preguntarse quién fue verdaderamente el culpable de este asesinato: ¿Nerón, que vio en peligro su mantenimiento en el trono y con ello quiso advertir a su madre? ¿O Agripina, la cual sería la instigadora indirectamente, al haber amenazado a su hijo con apoyar a Británico?

Pero aún hay algo más, puesto que en el momento de comenzar los espasmos aparecieron síntomas que hacen pensar que realmente no se trató de un asesinato, sino que, tal como dijo el César a los asistentes al banquete, se pudo tratar de otro de sus frecuentes ataques de epilepsia, aunque en este caso fue mortal. Por lo que se podría concluir que en realidad tal envenenamiento jamás existió, tratándose de un ataque cuyas consecuencias inmediatas fueron letales.

Ocurriera lo que ocurriera, la realidad es que todas las miradas se volvieron hacia Nerón, el ambiente se enrareció en palacio y su madre comenzó una maniobra de aproximación a Octavia, la mujer del príncipe, a la vez que intentaba crear una oposición fuerte a su hijo, mientras que sus partidarios se encargaban de lanzar acusaciones en toda Roma que mostraran a Nerón como un asesino.

El príncipe evitaba tener cualquier contacto con su madre, pues no quería un enfrentamiento directo con ella, aunque estaba comenzando a enfurecerse con los movimientos de Agripina. Intentaba gobernar al margen de ella, dejándose aconsejar en todo momento tanto por Séneca como por Burro.

Uno de los momentos más graves en su enfrentamiento personal se produjo cuando a Roma acudió una embajada armenia solicitando ayuda del César. En la sala donde se llevaba a cabo la recepción se presentó Agripina, cuya presencia no se había requerido. Sin embargo, como madre del príncipe, se encaminó hacia el trono. Esto alarmó a Séneca, que con un gesto advirtió al César de la necesidad de actuar.

Nerón, evitando que los embajadores armenios se acercaran a Agripina para presentarle sus respetos, se dirigió hacia ella como un hijo solícito que profesaba gran amor a su madre, y con gestos cariñosos la alejó del lugar de privilegio.

Esta situación fue la gota que colmó el vaso. Agripina, despechada, se confabuló más que nunca contra su hijo. Intentó hacer ver a Octavia la verdadera esencia de su marido, mientras que continuaba la formación de un núcleo de oposición fuerte formado por elementos del patriciado e incluso del ejército. Pero la mujer de Claudio no había contado con Séneca y Burro.

Los preceptores de Nerón alertaron al príncipe sobre la situación y las medidas que era necesario adoptar, pues un solo grano de arena podía llevar a la creación de una montaña si se dejaba que el curso de las cosas siguiera sin ponerle coto. El César advirtió a su madre que no estaba dispuesto a continuar con la misma línea de actuación y parecía que ella se tomó en serio por primera vez las palabras de su hijo, cuando menos aparentemente.

Pero no iba a ser así. Poco tiempo después el príncipe era informado sobre un intento de conjura que tenía como fin derrocarle y en el que Agripina era una de las piezas fundamentales.

Nerón tenía muy claro cómo debía actuar. Llamada a capítulo, se notificaba a su madre la necesidad que tenía de tomar un período de descanso, para lo cual se ponía a su disposición la villa de Antonia, su abuela; también se le comunicaba que en estas circunstancias no le era necesaria ni la guardia pretoriana, cuyas nuevas órdenes fueron las de retornar a sus cuarteles, ni la guardia germánica, aunque, como un acto de amor hacia ella, Nerón consentía en que una docena de ellos continuaran bajo sus órdenes.

En un santiamén se divulgó la noticia por toda Roma y todo el mundo supo que este proceder no era más que un destierro debido a las constantes injerencias de Agripina en la política.

Desde este momento sabía que se encontraba sola. Sus antiguos aliados habían dejado de visitarla e incluso muchas personas veían en esta situación el momento propicio para vengarse de ella y hacerle pagar el trato que había tenido con ellos, llegando incluso a extremos de imputarle numerosas conspiraciones contra el emperador.

Con respecto al príncipe, cuando recibía alguna visita de Nerón, ésta solía ser de muy corta duración y siempre acompañado por una fuerte guardia armada, lo que daba lugar a que no pudieran verse a solas.

El César había cortado por lo sano. Con ello pretendía finalizar con el modo de actuar de su madre y aunque ésta se hallaba muy airada, podía dar gracias a todos los dioses de que su vida no se encontrara en peligro, pues en la mente de Nerón había comenzado a aflorar una idea: eliminar de una manera definitiva a Agripina.

El príncipe en su modo de gobernar se apoyó más que nunca en Séneca y Burro, los cuales buscaban con su política un asentamiento y un mayor prestigio de la figura del César, pues ya se sabía que eran firmes defensores del tipo de régimen que siglos más adelante sería denominado con el término de «despotismo ilustrado», en el que se buscaba un fórmula que armonizara el poder del príncipe y los privilegios y ambiciones de los patricios.

Intentó llevar a cabo un política social destinada a la mejora del pueblo, por lo que la primera medida que se tomó fue la de fundar gran cantidad de colonias de veteranos, como la de Capua, con el fin de frenar la despoblación que comenzaba a padecerse en la península itálica, así como el reparto de una serie de donativos a la población urbana que tenía gran carestía.

También se propuso introducir en el arte los gustos helenísticos en la música, el teatro, el deporte y al mismo tiempo pretendió eliminar los combates de gladiadores, por lo que prohibió que los procuradores o gobernadores de provincia pudieran financiar juegos o espectáculos públicos, no sólo en lo que respecta a los combates, sino también por el aprovechamiento económico que podían tener, aunque esta última medida no fue muy bien aceptada, por lo que tuvó que desistir de ella. También donó grandes sumas de dinero a personas pertenecientes al patriciado que habían caído en la ruina; se llevaron a cabo decretos relacionados con los esclavos, etc.

Pero por esta época el príncipe va a tener su primer enfrentamiento serio con el Senado debido al intento de realizar una reforma fiscal en el año 57, ya que Nerón estaba decidido a hacer desaparecer los impuestos indirectos por el hecho de que muchos recaudadores se aprovechaban para realizar multitud de injusticias, así como para apropiarse de parte de estos impuestos, lo que también repercutía seriamente en el erario público. Esta reforma sería muy buena para la población, tanto la plebe urbana como los campesinos, puesto que abarataría el coste de los productos de primera necesidad. Pero estas transformaciones influían de forma muy importante sobre capitales privados, atacando fundamentalmente a la economía de los caballeros, que eran primordialmente los encargados de recaudar estos impuestos, así como a los propietarios, puesto que con el abaratamiento de los precios llegarían a Roma mayor cantidad de productos elaborados en las provincias.

El Senado no aprobó el nuevo paquete de medidas. La situación decreció en intensidad a finales del año 57 d.C., cuando el César iba a tener que volver a enfrentarse con un clima bélico que provenía de nuevo del Oriente, pues los problemas en esta zona con los partos habían continuado latentes y volvían a aflorar, siendo la causa otra vez el dominio de Armenia, cuyos habitantes coqueteaban ora con romanos ora con partos.

El rey parto Vologeso, tras haber solucionado los problemas internos, estaba más decidido que nunca a sentar en el trono armenio a su hermano Tirídates, el cual había comenzado a llevar a cabo razzias por el interior de la región.

Domicio Corbulón volvía a ser el encargado de impedírselo, aunque en estos momentos tenía un serio inconveniente, pues contaba con un ejército que había sido presa de la ociosidad vivida durante los últimos años debido a la ausencia de grandes conflictos. Solicitó refuerzos a Roma y realizó una criba entre sus legiones, comenzando un período de adiestramiento muy fuerte durante todo el invierno en previsión de que se rompiesen pronto las hostilidades. Los romanos también contaron con el apoyo de algunos pueblos de alrededor, enfrentados a armenios o partos en rencillas locales.

Los partos, mientras tanto, llevaban a cabo un juego entre la guerra y la diplomacia, lo que terminó por poner nervioso a Corbulón. Aprovechando un levantamiento contra los partos en el Este, los romanos dividieron sus tropas con el fin de fortalecer todos sus puntos. Pero uno de sus oficiales, Pactio Orfito, cometió un error. Haciendo caso omiso y desobedeciendo las órdenes de Corbulón, atacó a un ejército de caballería parto; el resultado fue un desastre al caer en una emboscada. Después de esto se ordenó a las legiones mantenerse en sus posiciones a la espera de los movimientos enemigos.

El general se aprestó para el combate, pues también se había adentrado el buen tiempo, que permitía marchar a las legiones; así que se decidió a atacar las fortalezas cercanas, para lo que asignó al legado Cornelio Flaco y al prefecto Isteo Capitón el mando de diferentes fuerzas para llevarlo a cabo. Tras haber conquistado diversas plazas fuertes y dado muerte a todos los varones en edad de guerrear y vendido como esclavos al resto de las personas, Corbulón decidió llegado el momento de atacar una de las principales plazas fuertes armenias.

En su camino hacia ella, el general ordenó que todas las legiones se mantuvieran unidas con el fin de no sufrir emboscadas de la caballería parta, que los asediaba constantemente, atacando y rápidamente retirándose en espera de que, creyendo que se retiraban, los persiguieran y así cayeran en el engaño. Pero las legiones llegaron a las puertas de la ciudad sin haber sufrido un gran número de bajas.

Viendo que su maniobra no había dado resultado, Tirídates se retiró dejando la ciudad a merced de los romanos, que, tras haberla desalojado, pues sus habitantes los habían recibido con las puertas abiertas, la arrasaron. Se dijo que los dioses debían de quererlo así también, puesto que en la ciudad se produjo un fenómeno que muchos designaron como milagro y otros como la aprobación de las divinidades.

Cuando llegó la noticia a Roma, la alegría recorrió toda la ciudad. Al César se le concedió el título de Imperator y el Senado solicitó que se levantaran estatuas y arcos en honor a Nerón. Los primeros enfrentamientos entre las dos instituciones habían caído en el olvido y el idilio entre ambos continuaba.

Tras los acontecimientos sufridos por la ciudad, Corbulón siguió penetrando en las regiones armenias, aunque no sólo debía enfrentarse a los partos, sino también a la misma población autóctona, que ora apoyaba a los romanos, ora a los partos, por lo que era muy difícil llevar a cabo una maniobra concreta.

Pero el tiempo fue transcurriendo y el conflicto ya se extendía. Era el primer año de la década de los sesenta, con los problemas que esta situación conllevaba; así, en aquellos momentos en palacio comenzó a considerarse la idea de un acuerdo diplomático como forma de finalizar el enfrentamiento.

Ajeno a estos pensamientos, el oficial romano seguía marchando al interior con sus legiones, enfrentándose a los pueblos hostiles, aunque con todo, comenzaba a tener problemas con el abastecimiento de las tropas y sobre todo con la carencia de agua, por lo que se vieron obligados a avanzar hasta que consiguieron tomar una fortaleza, y posteriormente someter otra al asedio, la cual finalmente capituló.

Pero la conquista de estas fortificaciones no quería decir que el camino se encontraba expedito y libre de peligros. Sin ir más lejos, en una ocasión Corbulón se salvó casi milagrosamente de ser asesinado cuando un individuo se introdujo en el campamento romano y, dirigiéndose a la tienda del general, se propuso atentar contra su vida. Finalmente pudo ser reducido por la guardia, y fue torturado hasta que confesó quiénes eran los conspiradores y todos ellos fueron ejecutados.

Posteriormente el general recibió a una delegación de Tigranocerta, próximo objetivo de las legiones, para parlamentar la rendición de la ciudad. Tras llevar a cabo una serie de deliberaciones, Corbulón accedió a la entrega de la ciudad, que pasó a ser considerada una aliada de Roma.

Las tropas romanas prosiguieron su avance en las mismas condiciones que habían tenido hasta el momento, es decir, sin comida ni agua.

Mientras, en otra zona, uno de los pueblos de la región aliado de Roma, los hircanos, asediaba constantemente a los partos con continuas emboscadas y escaramuzas. Las tropas romanas avistaron la fortaleza de Legerda, que había jurado vengar a Triganocerta, fuertemente defendida. Sus pobladores cometieron una equivocación, pues pensando tal vez que podían vencer a los romanos en campo abierto, se decidieron a salir fuera de la ciudad y en formación de combate avanzaron contra las legiones romanas.

El resultado no se hizo esperar. Las tropas de Corbulón destrozaron los flancos y las vanguardias enemigas, obligando a huir en desbandada y volver a parapetarse tras los muros al resto del ejército. Inmediatamente se produjo el asalto de la ciudad, que no tardó en caer en manos de las legiones.

Tras hacerse con el control de la plaza fuerte, el general procedió a dar fin a los núcleos de resistencia que pudieran permanecer todavía en activo dentro; sin embargo, se vio obligado a detener sus misiones debido a la decisión de Nerón y sus consejeros de imponer un nuevo monarca en Armenia, nieto de Arquelao, noble capadocio ascendido a rey por los romanos. Se

Mujer tocando la lira, fresco del siglo I,
en el Metropolitan Museum.

trataba de Tigranes, que había sido educado y había permanecido en calidad de «huésped» en Roma. Con esta actuación el César confiaba en que se apaciguara la situación en la zona y las legiones no se vieran obligadas a continuar una guerra de desgaste.

Con el fin de que hubiera un control más estrecho de la zona se procedió a entregar diversas partes de Armenia a los territorios colindantes aliados de Roma. El mando de las legiones que se habían establecido en la zona fue abandonado por Corbulón, que pasaba a ser el nuevo legado en la provincia de Siria.

El comienzo del año 58 d.C. había proporcionado a Nerón su primera victoria militar. Además acababa de establecer una serie de medidas que fueron muy bien acogidas por el pueblo, como el caso de la apertura del Campo de Marte a todos los habitantes de Roma, aunque este acto no fue aprobado por los patricios. Asimismo promulgó algunas medidas relativas a la comida y a los banquetes, decretando que los banquetes públicos no exhibieran mucha ostentación, celebrándose tan sólo en forma de refrigerios. Además dictaminó que en las tiendas se pudieran vender alimentos cocinados, excepto legumbres y hortalizas[44], promulgó nuevas normas para el tránsito de carros, pues en muchas ocasiones iban a velocidades muy altas dentro de la ciudad sin tener en cuenta a los peatones, y llevó a cabo una serie de proyectos de obras públicas que tuvieron poco éxito, como conectar la ciudad con el puerto de Ostia o el intento de prolongación de las murallas. También se tomaron una serie de decisiones que influyeron en algunas de las provincias, como la concesión a los Alpes marítimos de la ciudadanía latina y la aprobación de convertirse en provincia procuratorial al territorio vasallo de los Alpes Cottios[45].

Pero lo que realmente iba a marcar este período fue el duro enfrentamiento entre el príncipe y su madre y fundamentalmente la entrada en la vida del príncipe de otra mujer.

Popea Sabina, de familia patricia y que en estos momentos no alcanzaba todavía el cuarto de siglo de edad, adquirió su nombre no de su padre, sino de su abuelo materno, Popeo Sabino, que había llegado a ocupar el consulado, aunque había tenido diversos problemas durante el principado de Tiberio.

Las referencias la describen como una mujer de una gran belleza y sensualidad heredadas de su madre, que pocas veces aparecía en público y, cuando esto se producía, se mostraba con un velo tapando su rostro y gran parte de su cuerpo.

Contaba con grandes riquezas, pero de la misma manera se encontraba dotada de una gran ambición. Estaba casada con un miembro del orden ecuestre llamado Rufo Crispino, de quien había tenido un hijo. Sin embargo, esta situación no la iba a impedir acceder al interior del círculo más próximo al César, pues tomó como amante a Otón[46], que formaba parte de la camarilla de amigos más cercanos a Nerón, y posteriormente al conseguir el divorcio no tendría ningún reparo en casarse con él.

Otón en los banquetes y reuniones que se celebraban en palacio, como cualquier enamorado, comenzó ingenuamente a presumir y jactarse de la hermosura, sensibilidad y demás cualidades de su nueva mujer ante el César, lo que provocó la curiosidad del príncipe por conocer a semejante belleza, insistiendo en repetidas ocasiones en su deseo de que asistiese a sus fiestas, llegando a opinar que no estaría de más que Otón pudiera hacerse acompañar de ella en alguna de sus comidas. No obstante, su amigo le respondía con evasivas, hasta que no tuvo más remedio que acceder a los deseos de Nerón. Cuando la vio quedó prendado de ella y decidió que tenía que hacerla suya a toda costa.

Según pasaba el tiempo, Popea comenzó a asistir de forma más habitual a palacio y aunque intentó dar a Nerón una imagen de cierta resistencia, sus propósitos eran los contrarios, pues se trataba de una mujer muy ambiciosa y su fin no era otro que obtener el máximo provecho posible de cualquier situación.

En un principio jugó con la imagen de la vacilación y la firmeza, aludiendo a su condición de mujer casada, lo que encendía aún en mayor medida el deseo de Nerón por hacerla suya. Pero ella, obstinadamente, respondía con su respeto hacia su marido, hasta que creyó llegado el momento y entre lágrimas, rindiéndose ante el César, le declaró su amor hacia él así como el miedo que la embargaba, pues un abismo los separaba a ambos al ser ella una simple mujer y encontrarse ante el señor más poderoso del mundo. Éste fue el comienzo de una relación en la que Nerón no cabía en sí de gozo, pues tenía el amor de una de las mujeres más bellas de Roma.

Pero muy pronto Popea comenzó a utilizar sus encantos para conseguir del príncipe todo lo que quería. Comenzó a reprochar al César la relación que continuaba manteniendo con la liberta Acté. Tampoco aparecía durante muchas noches en el lecho de Nerón, indicando que aún era una mujer casada, por lo que debía rendir cuentas a su marido[47].

Entretanto, durante este período Agripina se había encargado de realizar numerosas manipulaciones. Viendo la situación en que se encontraba, habiendo quedado postergada a un plano en el que su influencia, pues aún tenía mucha, no era suficiente para introducirse y repercutir en las decisiones de palacio, comenzó una política de acercamiento a su hijo, aunque no obstante Séneca y Burro, percibiendo las acciones que la Augusta llevaba a cabo, aconsejaron a Nerón sobre la forma más conveniente de actuar.

Pero sea porque sus advertencias no fueron lo suficientemente potentes o porque Nerón no quiso escucharlas, lo cierto es que las maniobras de Agripina dieron sus frutos. La mujer de Claudio volvió a frecuentar las fiestas nocturnas de palacio e incluso se llegó a rumorear que en más de una ocasión se había ofrecido a su hijo con el fin de satisfacer sus deseos carnales.

¿Hasta este punto pudo haber llegado Agripina por recuperar su influencia perdida[48]?

No se sabe, pero los rumores, al igual que las frutas podridas, se propagaron con una velocidad insólita y las murmuraciones y cuchicheos no se hicieron esperar entre los habitantes de una ciudad ávida de noticias escabrosas.

Séneca estaba alarmado, por lo que utilizó a la amante del César para darle a conocer las patrañas que estaban difundiendo las malas lenguas. Acté refirió *que estaba ya muy divulgado el incesto, que se alababa de ello su madre, y que los soldados no estaban dispuestos a sufrir un príncipe menospreciador de la religión*[49].

Puesto Nerón en guardia, fue presa de un formidable ataque de cólera y en un arrebato de odio prohibió que su madre volviera a visitar sus habitaciones e incluso recuperó su comportamiento anterior, volviendo a alejarse de ella. Pero no sólo restableció su anterior forma de actuar; en su mente reapareció y se afianzó con mayor fuerza la vieja idea de su eliminación. Séneca ahora podía respirar tranquilo.

IV. LA DESAPARICIÓN DE AGRIPINA

Las ambiciones femeninas que se movían alrededor del César concluyeron en el año 59.

La vida de Nerón, a pesar de su juventud, ya que en estos momentos sólo tenía veintidós años, estaba muy influenciada por las mujeres que se encontraban a su alrededor: la liberta Acté, su mujer Octavia, que era la que menos proyección tenía, ya que era una simple marioneta en este juego de poder, Popea y su madre.

Estas últimas constituían el verdadero peligro y quebradero de cabeza del príncipe. Además, la relación que Nerón mantenía con Popea era censurada por el Senado, que no la veía con buenos ojos, pues no comprendía cómo el príncipe podía mantener relaciones con tres mujeres que cohabitaban bajo el mismo techo. Tampoco, en esta situación, tenía el apoyo de Burro y Séneca, que no aprobaban su forma de actuar.

Popea ya había conseguido entrar en palacio y ahora su próximo objetivo era llegar a ser la mujer del César. No obstante, sabía que mientras que la presencia de la madre de Nerón sobrevolase la residencia imperial sus aspiraciones iban a ser difícilmente realizables, puesto que Agripina no consentiría en ningún momento a su hijo que pudiera repudiar y divorciarse de la única persona sobre la que aún tenía ascendiente dentro de palacio, por lo que la amante le apremiaba a tomar una pronta solución.

El César anteriormente había tenido que quitarse literalmente de encima a otra persona que igualmente planteaba un problema: Otón.

Nerón había sido objeto de los reproches de Popea, que le había arrojado a la cara su condición de mujer casada, por lo que sin tener en cuenta la amistad que unía al César y al marido de ella, se dispuso a remediar la situación.

Después de sopesar las opciones existentes, llegó quizás a la conclusión más obvia. Era bastante difícil eliminar al esposo sin levantar sospechas, por tanto la única solución que quedaba era la de asignarle un destino lejos de Roma; así, le encomendó diversas misiones en las provincias hasta que acabó concediéndole el gobierno de la Lusitania, provincia en la que Otón ya había prestado sus servicios anteriormente.

Salvado este escollo, Popea dirigió su atención a otro pequeño problema, Acté.

El idilio entre la liberta y el César se había enfriado notoriamente, aunque todavía continuaba residiendo en palacio, por lo cual Popea no dejaba pasar ni un solo momento que considerase adecuado para lanzar continuos comentarios dirigidos a irritar a Nerón.

Sus continuos puyazos consiguieron el efecto deseado y, tras un pequeño período de tiempo, Acté fue trasladada a casa de un liberto imperial que habitaba en las afueras de Roma.

En este momento Popea fue, *de facto*, la dueña de la situación en palacio, pues juzgaba a Octavia un elemento sin importancia e incluso había considerado un rival mucho más potente a Acté que a ella; por tanto, no la inquietaban lo más mínimo las maniobras que pudiera llevar a cabo, así que su comportamiento hacia ella era del todo indiferente. Sin embargo, no desconocía que Agripina podía ser una rival muy peligrosa si se decidía a enfrentarse a la mujer del emperador, lo que también significaría eliminar su único lazo con palacio.

La nueva autoridad femenina de palacio consideró que la persona a la que había que combatir era a la viuda de Claudio, por lo que utilizando todas sus dotes persuasivas, aliñadas con numerosas representaciones a las que se unieron escenas de sollozos y quejas, y combinándolas con continuas recriminaciones sobre las trabas para poder llegar a casarse y la condición de casi servidumbre de Nerón hacia su madre, comenzó a minar la moral del príncipe, proceso que no fue frenado por nadie dentro de palacio, ya que todos, de un modo u otro, deseaban eliminar la autoridad y el influjo de Agripina.

Las actuaciones supusieron todo un éxito, lo que unido a la situación creada tras la intriga del incesto animó al César, ya convencido de la necesidad de eliminar a su madre, para llevar a la práctica la idea que tanto tiempo llevaba maquinando.

Ahora el problema esencial estribaba en el método que se debía elegir para realizar la trama.

En un principio se decantó por la idea del envenenamiento, para lo que echó mano de nuevo de Locusta, la hechicera que ya había trabajado para él en la muerte de Británico. Pero ésta le arrojó un jarro de agua fría cuando le comunicó que su madre, ante posibles atentados a su persona, había estado consumiendo pequeñas porciones de diferentes venenos con el fin de proteger su cuerpo. Nerón, desencantado ante esta noticia, pensó en el apuñalamiento, pero pronto apartó la idea de su mente, pues habría sido muy evidente de dónde habrían partido las órdenes, y no podría explicar la desaparición de su madre.

Finalmente el proyecto se lo facilitó el capitán de la armada de Miseno, Aniceto, que durante sus primeros tiempos en palacio había sido su pedagogo. Éste le expuso la idea de construir un navío que contara con una serie de dispositivos que en un momento dado pudieran hacer que el barco se hundiese como fruto de una tormenta, siendo presa de un naufragio.

Nerón se mostró encantado con el plan propuesto, así que dejó todo en manos de Aniceto, el cual apoyaba la idea de Popea, que creyó que la mejor fecha para que la confabulación se efectuara se encuadraría durante las fiestas en honor a Minerva[50], que se celebraban entre el 19 y el 23 de marzo.

Esta divinidad estaba relacionada con los artesanos, aunque muy pronto fue equiparada con la Atenea griega, por lo que pasó a ser también diosa de la sabiduría y de la guerra, adquiriendo sus atributos.

En estas conmemoraciones el príncipe normalmente se encontraba en su residencia de Campania, ubicada en Baya, por lo que podría invitar a su madre a pasar unos días en su compañía, utilizando como pretexto adecuado los deseos del príncipe por reconciliarse con ella.

Agripina partió el día 19 desde Anzio, donde se encontraba residiendo con su actual amante, el joven Galo Crepereyo, que la acompañaría en su viaje, junto con la liberta Acerronia. Entrada la tarde arribaron a puerto, en donde se encontraba esperando Nerón, el cual, solícito, se aprestó a recibirla como si se tratara de un fiel hijo que intentaba enmendar los errores cometidos anteriormente, por lo que la acogió dando muestras de gran cariño, lo que hizo que ella apartase completamente de su imaginación los consejos que la habían prevenido sobre las intenciones de su hijo.

Acto seguido y entre muestras de gran afecto, el príncipe condujo a su madre a palacio donde en breve iba a dar comienzo el banquete, y le hizo ocupar el sitio de honor a su lado.

Durante el transcurso de la fiesta no se separó ni un solo instante de ella, atendiéndola hasta en el más mínimo detalle y haciéndola partícipe de sus deseos y sus problemas, por lo que los recelos que aún pudiera haber albergado Agripina terminaron por disiparse.

Entrada la madrugada, los actos se dieron por finalizados y los invitados se retiraron a sus respectivos hogares. Nerón acompañó a su madre hasta el puerto con el fin de despedirse a su partida.

Agripina al llegar al embarcadero se mostró exultante al ver el navío que había puesto a su disposición el César. Tras despedirse de su hijo de una forma que enterneció a todos los presentes, pues veían en ello la reconciliación de madre e hijo, subió a bordo de la resplandeciente galera que comenzó a separarse y dejar atrás el muelle. Nerón permaneció en su

Actor trágico con una máscara, fresco del siglo I, en el Museo Arqueológico de Nápoles.

lugar hasta que la embarcación se perdió de vista en la oscuridad de la madrugada.

El cielo estaba limpio, despejado de nubes, distinguiéndose las estrellas en todo su esplendor, y la mar, tranquila.

Galo Crepereyo se había instalado cerca del timón para poder observar los alrededores mientras escuchaba con atención a su amante, que recostada en una camilla, conversaba y relataba con gran alegría a la liberta, que se encontraba a sus pies, todo lo acaecido durante el banquete.

El navío continuaba su camino, surcando las aguas apaciblemente aún cercano a la costa. De repente, se escuchó un gran estruendo y, en el acto, se abrió una enorme vía de agua que hizo que el buque se precipitara hacia el fondo marino mientras el techo de la galera en donde se encontraban los patricios se vino abajo.

La techumbre, siguiendo las instrucciones que Aniceto había encomendado al constructor griego asentado en Ostia encargado de preparar la galera, había sido revestida de plomo para causar el mayor daño posible, por lo que, al derrumbarse, Crepereyo no tuvo tiempo de reaccionar y murió en el acto.

En el barco reinaba el caos, los marineros intentaban solucionar la situación y ponerse a salvo, pero entre ellos había algunos que conocían de antemano lo que estaba pasando y tenían como misión verificar que todo saliera según los propósitos trazados.

Las dos mujeres fueron más afortunadas, al haberse instalado en la zona que poseía las paredes más altas y fuertes, por lo que Agripina, sin dudarlo un momento, se lanzó al mar junto con su liberta; pero ésta se encontraba muy aterrorizada y paulatinamente se había ido separando de su señora. Entonces, presa del pánico, comenzó a solicitar auxilio. Sin embargo, en el desorden que se había apoderado de la escena nadie le prestó atención, por lo que reiteró sus peticiones de socorro alegando que era madre del César, lo que supuso su perdición.

Varios marineros, aferrándose a los remos o a cualquier objeto que tenían a mano, comenzaron a golpear a Acerronia hasta causarle la muerte. Agripina, herida en un hombro, había sido testigo del atentado, así que silenciando y ocultando su presencia lo máximo posible comenzó a nadar hacia la orilla con la esperanza de no ser vista. Con todo, la fortuna quiso que le saliesen al paso algunas pequeñas embarcaciones que facilitaron la llegada a una de sus posesiones situada en una localidad cercana a Baya.

Comenzaba a despuntar el día. Agripina, después del desastre y hasta llegar a sus propiedades, se había preguntado en numerosas ocasiones cómo podía haber sido tan incauta, y haber creído en el arrepentimiento de su hijo.

Pero no tenía importancia.

Habiendo llegado a la villa y tras curarse la herida del hombro, siendo fiel a su innata ambición, su primer acto fue requerir el testamento de la liberta que había sido asesinada, pues según las leyes romanas las pertenencias que pudiera haber tenido Acerronia debían pasar a formar parte de sus posesiones.

Así era Agripina.

Posteriormente envió un mensaje a su hijo en el que expresaba *cómo por la benignidad de los dioses y en virtud de la buena fortuna del príncipe había escapado de tan grave accidente; pidiéndole que sin dejarse llevar del amor que le tenía ni atemorizándose del peligro de su madre, difiriese el visitarla por entonces, que necesitaba mucho reposo*[51].

El encargo lo hizo llegar a Nerón por medio de un liberto y en él intentó que no se advirtiese su conocimiento sobre la autoría de la agresión contra su persona.

Pero este propósito sería baldío, ya que Nerón había estado esperando entretanto en Baya las noticias del crimen durante toda la madrugada. El César en este tiempo se había mostrado taciturno; sus pensamientos debían moverse entre la necesidad de llevar a cabo la acción que había ordenado ejecutar y la justificación que buscaba para poder permanecer tranquilo consigo mismo.

Sin embargo, su tormento concluía al amanecer, cuando un emisario le comunicaba la muerte de Agripina y las circunstancias en que se había producido. Nerón podía respirar tranquilo. Reconfortado con la noticia, solicitó la presencia de sus consejeros en la sala en donde se encontraba en compañía de Aniceto.

Llegados a este punto cabe preguntarse: ¿Séneca y Burro fueron partícipes del matricidio? No se sabe, pero lo que sí se puede dar por seguro es la convicción de ambos de la necesidad de eliminar a Agripina para que el César pudiera gobernar realmente.

La entrada en la estancia de sus dos hombres de confianza coincidió con el momento en que un sirviente comunicaba al príncipe la llegada de un liberto portador de un correo de su madre. Inmediatamente en la cámara se hizo el silencio. Nerón posó sus ojos en el prefecto de la flota, que estaba visiblemente azorado, ya que también suponía que todo había concluido de acuerdo con lo proyectado. Posteriormente se dirigió hacia los preceptores solicitando su opinión.

Ambos estuvieron de acuerdo en indicar a Nerón que la persona que debía encargarse de finalizar la tarea no era otro que Aniceto, el cual aceptó el cometido de muy buena gana.

En ese momento el príncipe requirió la presencia del correo, quien comenzó a relatar lo ordenado por su madre. En un momento dado, Aniceto se acercó a él y, en un movimiento digno de formar parte de una representación teatral, se inclinó para a continuación alzarse con una daga que presumiblemente se encontraba a los pies del liberto. Inmediatamente comenzó a demandar la presencia de los pretorianos mientras inmovilizaba al emisario, acusándole de haber sido enviado por Agripina con el fin de procurar la muerte del César.

Acto seguido, el capitán de la flota, acompañado por dos hombres de confianza, los oficiales Herculeyo y Obarito, marchó velozmente hacia la villa de Agripina, haciéndola rodear con una compañía de soldados para que nadie pudiera entrar o salir de ella. En su avance por la propiedad asesinaron a todas las personas que le salieron al paso hasta llegar al aposento donde se encontraba Agripina acompañada de una esclava, que emprendió la fuga nada más ver a los soldados, abandonando a su señora para que acogiese la muerte en soledad.

La madre del príncipe, sacando fuerzas de flaqueza, se dirigió a Aniceto manifestándole *que si venía a visitarla, podía volverse y decir que estaba mejor; mas que si había venido a cometer alguna maldad, no pensaba que fuese con orden de su hijo el mandarle a él ejecutar tan injusto parricidio*[52].

En silencio, los tres soldados miraron a la mujer y se adelantaron hacia ella. Al llegar a su altura, Herculeyo descargó un fuerte golpe en su cabeza haciendo caer a Agripina. Seguidamente, Obarito desenvainó la espada y la hundió en el vientre de la persona que durante mucho tiempo había ostentado el mayor poder dentro del Imperio. Tenía 44 años.

El cadáver de Agripina, al igual que pasó con Británico, se incineró esa misma mañana, pues Nerón parecía ser que no quería perder ningún tiempo. Se dispuso que las cenizas permanecieran en el lugar de la pira, aunque posteriormente fueron recogidas y se les dio sepultura en el camino que conduce de Baya a Miseno.

El príncipe cayó en un estado de temor continuo, aterrorizado con el hecho de que pudieran acusarle de matricida, por lo que Burro y Séneca, desde el mismo momento en que se había consumado el delito, ingeniaron una serie de maniobras cuyo objetivo era tanto persuadir como demostrar a todo el mundo que había sido necesario este tipo de intervención debido a que su madre se había convertido en la promotora de una conspiración destinada a acabar con Nerón.

Es muy probable que los actos que emprendieron los preceptores de Nerón no convencieran a nadie. Sin embargo, era inverosímil suponer que alguna persona tendría la osadía de levantar su voz para incriminar al César, por lo que a su alrededor se escucharon numerosas voces dando gracias a los dioses por haber conseguido salvar su vida y descubrir el complot.

Nerón, quién sabe si arrepentido por lo que había ordenado, comenzó a manifestar que se le había presentado el espectro de su madre, y decidió abandonar Baya y trasladarse a Nápoles, desde donde dirigió un correo, elaborado por Séneca, al Senado. En él se explicaba la gran ambición de Agripina por ostentar el poder, la situación de peligro en la que había envuelto a la persona del César y el final al que se había visto obligado por su excesiva codicia, que casi llevó a la tumba a su hijo.

En suma, pretendían que Roma creyera que la hija de Germánico, ante el fracaso de sus objetivos, había optado por terminar ella misma con su vida.

Los representantes de la patria, tanto si creían como si no, cosa más que probable, las explicaciones del príncipe, optaron por doblegarse a él. Quizás pensaron que no tendría ningún sentido un enfrentamiento directo entre los dos poderes o bien decidieron que después de todo la eliminación de Agripina no había sido algo tan malo, puesto que con ello se ponía punto final a las constantes intrigas en palacio y Nerón iba a poder desplegar todo lo que había prometido al comienzo de su principado.

Por otra parte, Burro, por medio de altos donativos, se había asegurado la lealtad del ejército, lo que llevó a que ninguna facción militar pensase en ejercer ningún tipo de presión.

Para apagar cualquier rescoldo que todavía pudiera permanecer presente en algún lugar, Nerón decretó una serie de indultos con el fin de que numerosos exiliados, víctimas de su madre, pudieran regresar a Roma. Tal fue el caso de Junia Calvina, acusada de haber practicado el incesto con su hermano Lucio Juno Silano, antaño prometido de Octavia, mujer del príncipe e hija de Claudio. También se procedió a la rehabilitación de todas sus fortunas y propiedades.

Pero Nerón aún temía su vuelta a la capital del Imperio, puesto que una cosa eran las afirmaciones de las embajadas recibidas en Nápoles y otra muy diferente la forma en que iba a producirse la acogida que le iba a dispensar la población de

Roma. Muchos a su alrededor no paraban de referirle el gran recibimiento de que iba a ser protagonista, hasta que consiguieron que el príncipe decretase la vuelta a la capital.

Burro sería el encargado de cruzar el primero las puertas de Roma con el fin de llevar la noticia del regreso del César. Todo se encontraba preparado para que la muchedumbre, el gentío, pudiera aclamarle.

Al entrar en Roma se dirigió hacia el Capitolio, donde se encontraba ubicado el templo de Júpiter. Mientras, todo el pueblo se había echado a la calle; allí estaba la plebe junto a los senadores y los sacerdotes aclamando, ensalzando, elogiando como se merecía al príncipe, después de haber conseguido sobrevivir a la gran confabulación que se había llevado a cabo contra su persona.

V. LOS AÑOS SOMBRÍOS

El joven César había conseguido alejar el temor y la desconfianza que durante un tiempo, tras la muerte de su madre, fueron sus compañeros inseparables de camino y por fin logró recuperar la tranquilidad que tanto había echado de menos.

Ahora sí se sentía el verdadero gobernante, el príncipe de Roma, sin necesidad de tener que preocuparse de las ambiciones de nadie más, y, sobre todo, a partir de este momento podría dedicarse a los temas que más le cautivaban: el teatro, la poesía, la música, los caballos.

En Roma progresivamente comenzarán a penetrar gustos y formas de vida procedentes del oriente mediterráneo. Durante los siglos anteriores los romanos se deleitaban y sentían verdadero placer por las expresiones estéticas griegas, e inclusive había familias que intentaban entroncarse con héroes griegos, como es el caso de la *gens* Julia, la cual se vanagloriaba de tener sus raíces en la mismísima Troya por medio de Eneas. Pero en este momento la cultura helénica sufre un proceso de asentamiento más rápido en la ciudad debido a la fascinación que ejerce sobre Nerón.

El príncipe, muy a su pesar, se verá obligado a conservar algunos divertimentos que realmente llegaban a desagradarle sobremanera, como es el caso de las luchas de gladiadores. Los iniciadores de los combates fueron los etruscos, entre los cuales tenían connotaciones de tipo funerario. No obstante, poco a poco se fue imponiendo el sentido práctico y ya durante el período republicano el Senado pasa a controlar y a establecer las normas de todos los aspectos relacionados con los juegos, aunque su verdadera importancia se produce con el comienzo de la etapa imperial.

Aproximadamente, y salvo excepciones, tenían una duración de una semana. En ellos se enfrentaban combatientes que habían llegado a encontrarse en esa difícil situación por diversos motivos. Normalmente se trataba de esclavos o condenados, aunque había algún que otro voluntario, el cual era libre, pero se había visto obligado a venderse para poder alimentarse.

Estos hombres vivían y se adiestraban en la escuela bajo las órdenes de un instructor profesional. En algún momento el Estado contó con sus propias escuelas, con el fin de luchar contra la especulación dentro del espectáculo, y según la destreza de guerreros, éstos se catalogaban en distintas clases: samnitas, luchadores que portaban un escudo rectangular y una espada corta; tracios, cuyas defensas estaban compuestas por un escudo redondo y una espada o un puñal; mirmilones, armados con espada y escudo, protegiendo su cabeza con un casco adornado por una cresta en forma de pez, de donde les venía el nombre; reciarios, que portaban una red y un tridente, etc.

Pero no sólo se producían enfrentamientos entre gladiadores; además se representaban números de caza de animales salvajes, los cuales se transportaban en jaulas a la arena, donde se les soltaba para que fueran cazados por los bestiarios e incluso naumaquias, verdaderas batallas navales que se realizaban en un estanque o lago artificial.

Nerón pretendió introducir algunas modificaciones en estos espectáculos, como la supresión de los combates a muerte, aunque finalmente prefirió no realizarlos, puesto que estas medidas no iban a entusiasmar excesivamente al pueblo.

La lucha de gladiadores ocupaba un lugar tan destacado dentro de la sociedad romana que en el mismo año del asesinato de Agripina, en la ciudad de Pompeya, durante un espectáculo se produjo un enfrentamiento entre los asistentes, pompeyanos y habitantes de la localidad de Nuceria, que causó diversos muertos. Pompeya fue castigada con la desaparición de los juegos durante un período de diez años.

A pesar de todo, estos nuevos estilos artísticos, junto con los espectáculos ya firmemente asentados, se utilizaban igualmente como parte de una estrategia política[53], pues con ellos se podían llegar a conocer las necesidades del pueblo, sus exigencias y sus necesidades. De la misma manera, eran una forma de hacer que la persona del César estuviera más cercana al pueblo, pues realmente era uno de los pocos momentos en el que los habitantes de la urbe lograban presenciar de primera mano al príncipe. Asimismo, el pueblo le podía hacer llegar directamente sus peticiones, por lo que servía como forma de asentar el poder autocrático, canalizando estas reivindicaciones en su provecho.

En el 59 d.C. Nerón, tomando como ejemplo los espectáculos griegos, instauró los juegos conocidos como Juvenales, y en otoño del año siguiente los juegos Quinquenales, que a partir de entonces se celebrarían cada lustro coincidiendo con el día del cumpleaños del príncipe.

La zona de los jardines del Vaticano fue la elegida como el escenario adecuado para efectuarlos, En ellos había competiciones en diferentes pruebas atléticas y culturales, e incluso el príncipe, dejándose llevar por la emoción, participó personalmente. Pero no tuvieron el visto bueno de todo el mundo, ya que mientras había personas que apreciaban este gesto por parte del príncipe, otras no miraban con simpatía estas nuevas diversiones, puesto que las consideraban una intrusión y un atentado a sus antiguas tradiciones.

El César, como cualquiera que se preciase de romano, era un enamorado de las carreras de cuadrigas, aunque durante mucho tiempo se había visto impedido a practicar este pasatiempo, debido al rechazo e intransigencia tanto por parte de su madre como de sus consejeros, que argumentaban la imposibilidad de poder ejercer esta afición debido a su posición dentro de la sociedad.

Las competiciones de carros en un primer momento tuvieron tintes religiosos, ya que se celebraban en honor a un dios de tipo agrario, para convertirse posteriormente en el espectáculo que levantaba más pasiones, superando incluso a los combates de gladiadores. Existían cuatro equipos que contaban con sus propios seguidores, diferenciados por el rojo, azul, que era el equipo apoyado por los patricios, blanco y verde, que tenía la mayor cantidad de seguidores plebeyos.

De la misma forma, también se había intentado disuadir al príncipe para que abandonara el ejercicio de sus otras pasiones, el canto y la lira, aunque en este caso los asesores se habían visto obligados a ir también en contra de la opinión de Popea, la cual le estimulaba para que continuara cultivando estas artes.

De hecho, el César había creado en torno suyo un grupo conocido como los Augustani durante los juegos Juvenales, del que se dice que llegaría a contar con alrededor de 5.000 integrantes, formado por jóvenes patricios y del orden ecuestre que al mando de pandillas integradas por plebeyos adolescentes tenían el cometido de corear y halagar al príncipe durante sus actuaciones.

Llegó un momento en que Séneca y Burro debieron dar su brazo a torcer para que el príncipe pudiera practicar alguno de sus entretenimientos preferidos, así que, reunidos para elegir cuál podía ser el menos pecaminoso para un César, decidieron que permitirían a Nerón adiestrarse en el uso de los carros.

Así, una mañana, en el Vaticano, en donde sus preceptores habían acondicionado un espacio de terreno, el joven Nerón comenzó a ejercitarse en el manejo de cuadrigas ante la atenta mirada de numerosos curiosos, que seguían con deleite las piruetas de su señor.

Pero, pasado el tiempo, no contento con ello, ya que se le hacía cansado practicar solo, se hizo acompañar por numerosos patricios y caballeros, que a cambio recibían una cantidad de dinero, aunque a alguno de ellos no le quedó más remedio que hacerlo por obligación. No obstante, Nerón alcanzó el cenit en su carrera de auriga cuando puso en práctica uno de sus mayores anhelos: correr en el Circo Máximo en presencia de aproximadamente 200.000 personas.

El Circo Máximo fue erigido hacia el siglo v a.C. aproximadamente, y era probablemente el edificio dedicado a espectáculos de carreras más antiguo de Roma, aunque en este momento el trazado que se presentaba debía ser el natural del terreno. Fue pasto de un incendio y Julio César lo reconstruyó; pasó a tener una longitud de 645 m y podía acoger a unas 150.000 personas, pero Nerón lo amplió para que pudiera albergar hasta 250.000.

A la plebe le parecía algo muy normal que el César pudiera tener caprichos de lo más mundano, pero entre los grupos de poder sus antojos comenzaban a ser vistos con cierto desagrado por diversos personajes, lo que dio origen a las primeras chanzas y mofas.

Séneca y Burro observaban a su príncipe con temor, pues apreciaban con creciente preocupación el hecho de que Nerón se les estaba yendo de las manos. Pero si en algún momento tuvieron la esperanza de que el César se pudiera haber dado por satisfecho con la práctica de los carros, se equivocaban.

Nerón, haciendo caso omiso de sus consejeros, comenzó a ejercitarse en la poesía y en la lira así como el canto, para lo que había puesto a su servicio a Tepno, profesor de ese instrumento.

No había día que el príncipe no hiciera una actuación ante sus Augustani, que, extasiados, enaltecían, glorificaban y alababan la hermosura de su voz[54], aunque algunos rumores decían que prohibía abandonar a todo el mundo la estancia mientras él estuviera actuando.

Incluso comenzó a practicar los ejercicios que los actores y cantantes realizaban para cuidar sus cuerdas vocales, se sometió a un severo régimen, comía las hojas de los puerros para cuidar la voz y se hacía poner tablas muy pesadas en el pecho para realizar ejercicios respiratorios.

Posteriormente agrupó a una gran cantidad de poetas y personajes que se dedicaban al mundo de la cultura, con el fin de que le ayudaran a componer versos, y así, uniendo sus creaciones a las de Nerón, creaban poemas que el César cantaba acompañado del sonido de su lira. En torno a él fue reuniendo a un conjunto de personas en el que además de poetas, aparecían filósofos, actores, escritores, etc., todos ellos afines a la concepción política de un gobierno a imagen de las monarquías helenístico-orientales, que apoyaban un gobierno de corte autocrático, conocidos como el Aula Neroniana[55].

Otra de sus aficiones fue la creación de un vasto museo que contó con numerosas obras de arte, para lo que acudían gran cantidad de comerciantes a ofrecerle sus fondos; con todo, no viéndose saciado con conseguir las obras a través de los mercaderes, posteriormente no tuvo ningún reparo en desvalijar las provincias, lo que le acarreó el enfurecimiento y la irritación popular, que en algunas ocasiones desembocó en actos de violencia.

Los preceptores veían cómo su pupilo estaba convirtiendo Roma en una fiesta constante. Tras la desaparición de Agripina, el príncipe había considerado que ya no debía ocultar sus pequeños placeres, llevando a la consternación en numerosas ocasiones a Séneca y Burro, pues mientras Nerón se dedicaba a presentarse en público como auriga, cantante, músico de lira, actor —en una ocasión incluso se atrevió a interpretar a una mujer dando a luz—, entretanto los consejeros eran los encargados de realizar una política y un gobierno de forma coherente.

Pero de momento el César estaba dando al pueblo lo que siempre había querido, pan y circo.

En estos primeros años de la década de los sesenta Nerón va a tener que dirigir en diversas ocasiones su vista fuera de Roma, pues no sólo se va a encontrar con el problema del enfrentamiento contra los partos; en ese tiempo, además, tiene que hacer frente a una sublevación en Britania.

LA BRITANIA ROMANA
(siglo I d.C.)

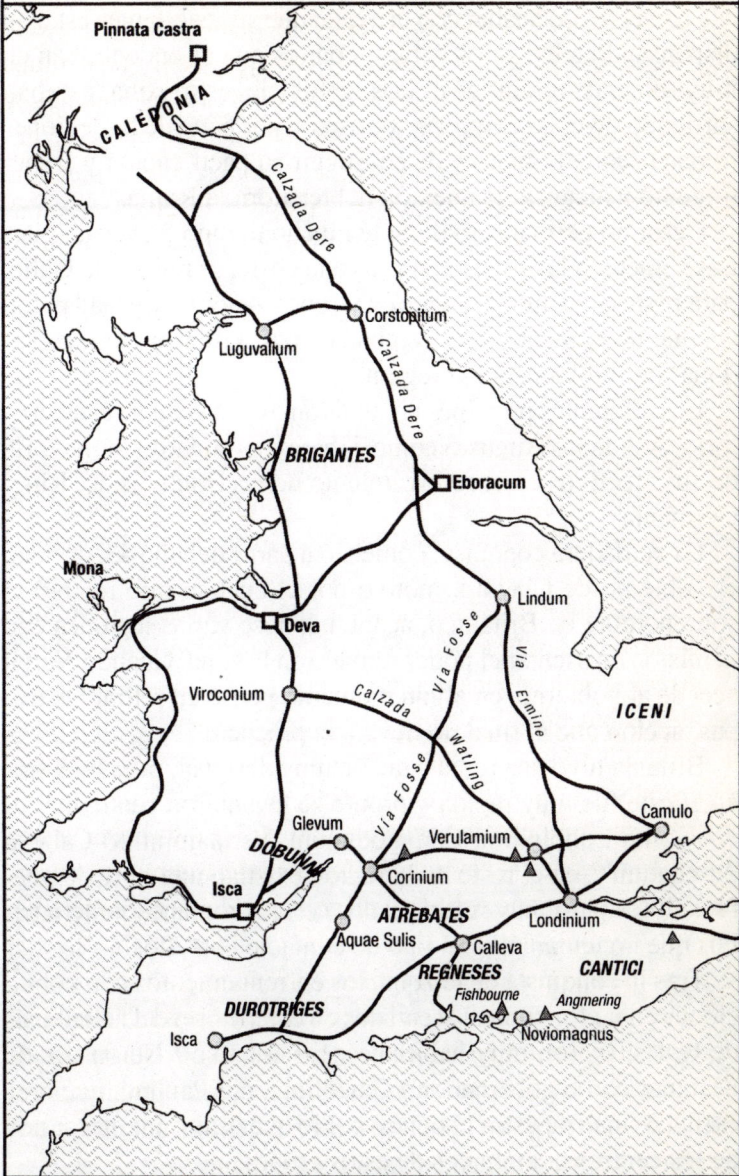

Pinnata Castra

CALEDONIA

Calzada Dere

Corstopitum

Luguvalium

BRIGANTES

Calzada Dere

Eboracum

Mona

Deva

Lindum

Viroconium

Calzada

Via Fosse

Via Fosse

Via Ermine

ICENI

Glevum

Via Fosse

Verulamium

Watling

Camulo

DOBUNNI

Corinium

Isca

ATREBATES

Londinium

Aquae Sulis

Calleva

REGNESES

CANTICI

Fishbourne

Angmering

DUROTRIGES

Noviomagnus

Isca

Los romanos hollaron por primera vez las tierras britanas en el año 55 a.C., cuando Julio César inició una serie de operaciones con el fin de acabar con la ayuda que sus habitantes estaban dispensando a los galos belgas, con los que se encontraban en muy buenas relaciones. Los galos de esta zona estaban sufriendo diversas campañas de asedio por parte de las legiones romanas con el objetivo de conseguir su pacificación y sometimiento y alcanzar la anexión del territorio a Roma.

César no permaneció durante mucho tiempo en la isla, pues tras someter a las tribus cercanas a la costa, se retiró a la Galia, para regresar al año siguiente con tropas mejor pertrechadas con las que llevó a cabo otra campaña, para posteriormente abandonar definitivamente la región.

Los diferentes príncipes no tuvieron muy en cuenta este territorio. Así, tanto Augusto como Tiberio aglutinaron la mayoría de sus efectivos en el reforzamiento de las fronteras del Rin y Germania.

La verdadera conquista comenzó a partir del año 43, durante el gobierno de Claudio, motivo por el cual su hijo recibió el sobrenombre de Británico, acantonándose varias legiones con la misión de asentar el poder romano en la zona. Cuando Nerón accede al gobierno, en algún momento pensó en retirar las tropas, acción que al final no llevó a la práctica.

Britania tuvo una romanización muy desigual, pues mientras en el este fue muy rápida y pronto se levantaron centros urbanos como Londinium, Camulodunum, Verulamium o Calleva Atrebatum[56], en el resto de la región existían una serie de pueblos libres pero muy relacionados con los romanos junto a tribus que no tenían ningún tipo de contacto con ellos.

Tras la conquista de la zona, los enfrentamientos con poblaciones como los silures, asentados en el territorio del actual país de Gales, fueron muy habituales. En el año 59 Nerón decide designar como gobernador a Cayo Suetonio Paulino, que cree esencial finalizar estos choques, por lo que determina atacar uno de los centros neurálgicos de estos grupos.

En un primer momento los romanos no encontraron mucha oposición, por lo que cumplieron sus planes sin problemas. Pero el conflicto se agravó al estallar una serie de levantamientos en el interior de las zonas romanizadas debido a la deficiente administración de las autoridades, a las incautaciones de tierras indígenas para entregarlas a colonos romanos y fundamentalmente por el propósito del gobernador de eliminar a los jefes de las tribus vasallas y pasar a ejercer un gobierno directo de Roma.

Esto produjo un alzamiento de todos los pueblos y clanes bajo la dirección de la reina, Boudicca en el año 61, viuda de Prasutago, último rey iceno[57], muerto en este año. El difunto gobernante había puesto en práctica una táctica con el fin de que su reino pudiera permanecer unido, para lo que había legado sus posesiones como herencia a dos hijas suyas y a Nerón; pero la respuesta romana fue arrasar su dominios, azotar a su mujer y violar a sus hijas.

La coalición de tribus se hizo pronto con el control de Camulodunum. A ellos se unieron los habitantes indígenas de la ciudad, pasando a cuchillo a todos los colonos romanos.

Los delegados de Roma en la ciudad no tuvieron más remedio que retirarse. Mientras tanto, hacia la localidad marchaba la IX legión, que se enfrentó a los sublevados, sufriendo una severa derrota que le hizo perder toda su infantería.

Todas las tribus estaban exultantes, por lo que Boudicca decidió marchar sobre Londinium y Verulamium, obligando al gobernador a dejar las ciudades a merced de los sublevados por carecer de fuerzas suficientes para su defensa. Los britanos arrasaron estas dos poblaciones y unos 70.000 romanos o prorromanos perdieron la vida.

Las matanzas que se estaban produciendo obligó a Suetonio Paulino a volver sobre sus pasos para enfrentarse a esta federación de tribus, contando únicamente con las fuerzas de que disponía, en total 10.000 hombres aproximadamente.

La mayor técnica y disciplina de las fuerzas romanas consiguió prevalecer sobre las fuerzas indígenas, que estaban menos instruidas para el combate y eran muy heterogéneas. El resultado de la batalla no pudo ser mejor para los romanos; habían tenido cerca de 400 bajas, mientras que los muertos britanos alcanzaban las 80.000 víctimas, entre ellas la reina Boudicca, que optó por envenenarse.

Suetonio Paulino comenzó de inmediato una cruel represión eliminando a numerosos indígenas, por lo que el príncipe y sus asesores, tras haber seguido el caso muy de cerca, decidieron privarle de su cargo y en su lugar colocaron a un gobernador con órdenes directas del César para buscar una pacificación de la zona; además se acuarteló otra legión en la isla.

Mientras tanto, en Roma el príncipe tenía que hacer frente además de a esta rebelión a su situación física, pues era la segunda vez en poco tiempo que caía enfermo, situación que se agravaba por unas circunstancias que habían sembrado el descontento en el pueblo al haber apoyado al Senado en una decisión, cuando menos, crítica.

En Roma, durante el siglo I d.C. existían aproximadamente tres esclavos por cada cuatro o cinco habitantes libres aproximadamente, los cuales habían llegado a esta situación a través de diversos medios: la guerra, las deudas, ser hijos de esclavo, etc. Estos sirvientes debían obediencia total a su señor; no podían tomar decisiones por sí mismos, ni podían poseer bienes puesto que legalmente no se les consideraba seres humanos. Cada familia poseía por lo menos un esclavo con el fin de ser el encargado de realizar las tareas más duras de la casa, aunque también existían esclavos que se dedicaban a tareas más especializadas.

Pero las personas en estas condiciones podían aspirar a retornar a la libertad por medio del acto de la manumisión, que se realizaba de diversas maneras. La primera, por la que se celebraba una ceremonia legal en presencia de un magistrado público, en la que una persona sostenía que el esclavo no pertenecía a su dueño, éste a su vez no objetaba nada a esta declaración y el sirviente era declarado oficialmente libre.

Otro modo de otorgar la libertad consistía en declarar a la persona libre ante los amigos y familiares del dueño o invitándolo a comer, con lo que pasaba a convertirse en liberto, aunque no tendría todos los derechos de un ciudadano libre, por lo que comúnmente se convertía en cliente de su antiguo amo y tomaba alguno de sus nombres. Otra manera de conceder la libertad era por disposición recogida en el testamento de su amo.

Aun con todo ello, existían límites legales para la concesión de la libertad a los esclavos, como el hecho de no poder acceder a ella antes de haber cumplido los treinta años.

Se dio el caso del asesinato de un amigo muy cercano a Séneca, que fue muerto por un esclavo enamorado de él. Según las antiguas leyes romanas, si un patricio era asesinado, todos los esclavos de la casa debían ser ejecutados. El problema estribaba que este noble había poseído casi 500 siervos. Entre la población se extendió una desaprobación que tuvo que ser acallada con la ayuda de unas compañías de pretorianos y con una amonestación y una llamada al orden por parte del príncipe. No se sabe si Nerón había estado muy de acuerdo con esta sentencia. Posiblemente tuvo que ceder a las exigencias de sus asesores, sobre todo de Séneca, que quería hacer cumplir la sentencia a toda costa, aunque el César en ningún momento accedió a que también los libertos tuvieran que ser declarados culpables del crimen; enfermo como se encontraba, no tuvo más remedio que consentirlo, por lo que todos los esclavos fueron crucificados.

El año 62 va a ser un año crucial para el devenir de la situación posterior.

Nerón había estado enfermo en diferentes ocasiones, aunque finalmente ya se había restablecido. Pero en estos momentos, Burro comenzó a tener algunas molestias sobre todo en la zona de la garganta que le impedían respirar bien. Progresivamente el mal iba empeorando, lo que le obligó a guardar cama. Pero había quien pensaba que no era un mal el que acechaba a Burro, sino que estaba siendo objeto de un envenenamiento, por lo que todas las miradas no podían ir sino a la misma persona: Nerón. Posiblemente, conjeturaba la gente, el consejero había perdido el favor del príncipe.

Quizás era verdad, pues la relación entre los dos había ido empeorando gradualmente, y Burro permanecía en su puesto gracias a la defensa que de él hacía Séneca ante Nerón.

Las discrepancias entre los dos se producían, entre otras cosas, porque Burro no veía con buenos ojos la relación que Nerón estaba manteniendo con Popea y la marginación a la que había castigado a Octavia, a la que por entonces y a petición continua de la amante del Príncipe ya le pendía sobre la cabeza la guadaña de la muerte; luego el César no tendría ningún reparo en «jubilarlo» permanentemente[58].

Sea como fuere, en la primavera de este año la Parcas decidieron cortar el hilo de la vida de Sexto Afranio Burro.

En los días posteriores a la muerte del consejero, Nerón, reunido con Séneca, decidió recuperar la presencia de dos mandos de la guardia pretoriana, cargo que recayó en Rufo Fenio, personaje anteriormente allegado a Agripina, y en Sofonio Tigelino, que había sufrido las iras de Calígula, por lo que fue desterrado posteriormente. Al comenzar el reinado de Claudio retornó a Roma, donde llegó a acumular una gran fortuna con la cría de caballos para carreras de carros, por lo que era conocido por Nerón, pues los unía esta mutua afición, aunque también había llegado a contar con el apoyo de Agripina.

Irá adquiriendo gran protagonismo dentro del círculo de favoritos del príncipe, y gran influencia en las decisiones de Estado, y sobre todo en las económicas.

Tigelino no era un personaje muy querido en Roma, pues no le había importado hacer cualquier cosa para poder abarcar grandes cuotas de poder y de riqueza, y ahora iba a ser uno de los mayores responsables de la política que se iba a producir, pues sabía muy bien cómo manejar al emperador, pero no tanto para que el príncipe confiara plenamente en él, por lo que algunas responsabilidades, sobre todo las militares, nunca recayeron plenamente en la persona del consejero.

La muerte de Burro también tuvo otra consecuencia, aunque igualmente grave. Séneca había tenido un contrapeso en el prefecto de pretorio. Ahora, con su desaparición y la aparición de una nueva serie de personajes alrededor del Príncipe, el filósofo comenzó a perder influencia en provecho de Tigelino.

Paulatinamente el César comenzó a dejar fuera de las decisiones de gobierno a Séneca, lo que le hacía ver bien claro que su puesto de favorito ya había sido ocupado por otros consejeros. Por tanto, solicitó retirarse a sus posesiones para poder vivir tranquilamente su vejez, ya que después de catorce años a su servicio pensaba que su tarea al lado de Nerón había concluido. Además, Séneca donó todas sus riquezas al príncipe para que las financiara como quisiera, petición que éste le concedió, aunque también ayudaría el nuevo consejero, el cual había acusado de forma velada al filósofo de querer abandonar el palacio por tener envidia de los poemas que componía Nerón, por lo que en numerosas ocasiones había sido criticado por el filósofo.

Séneca, por fin, abandonó el palacio para trasladarse a su propiedad de Campania, donde buscaba terminar sus días en paz, aunque, como prevención, todos sus movimientos fueron vigilados por los agentes de palacio.

Dentro de la Corte contaba con enemigos muy poderosos en las personas de Popea y Tigelino, aunque no habían encontrado ningún motivo para poder acabar con él.

Cuando se producen todos estos acontecimientos, Nerón cuenta veinticinco años, y al contrario de lo que pudiera suponerse, se encontraba en franca decadencia, tanto física como psíquicamente.

Si en otro tiempo había sido un joven musculoso, ahora sólo se veía a un hombre con cabellos pelirrojos cubriendo su cabeza y que presentaba teñidos de amarillo recogidos en pequeñas trenzas[59], con una mirada lánguida, débil y sin fuerza, un estómago prominente y grasiento, y unas piernas delgadas y endebles que parecían no poder sostener el cuerpo. Podría ser la representación del mismísimo dios egipcio Bes[60]. Pero hay quien le describía como *un hombre de estatura casi normal, de cuerpo plagado de manchas y maloliente, de cabello tirando a rubio, de rostro más bello que atractivo, de ojos azulados y un tanto apagados, de cuello grueso, de vientre prominente, de piernas muy delgadas y de buena salud*[61].

Desaparecido Séneca de la escena política, Tigelino se hizo el hombre fuerte, desplazando paulatinamente a Fenio de las decisiones palatinas, y lo que era más alarmante, se empezaba a practicar una política más dura que la ejercida en tiempos de Séneca y Burro, para lo que el asesor había creado una basta red de espías a su servicio.

En muchos momentos el consejero convenció al príncipe para realizar decretos contrarios a las clases senatoriales, eliminando algunos de sus privilegios, llevando una política contraria a ellos y haciendo desaparecer en numerosas ocasiones a elementos del patriciado mediante destierros y ejecuciones. Se recuperaron los procesos de lesa majestad que castigaban los delitos cometidos contra la majestad del pueblo o la vida del emperador, y las posesiones y bienes de los culpables pasaban a las arcas del Estado, lo que también evidenciaba la existencia de una gran crisis económica, pues las riquezas del Estado las había esquilmado Nerón con los continuos espectáculos, banquetes y demás extravagancias que había sufragado.

En esta política Tigelino se encargó de eliminar a cualquier persona que pudiera suponer un peligro para él o para el trono, siendo los casos más claros los de Rubelio Plauto, biznieto de Tiberio, que se encontraba en Asia, y de Fausto Cornelio Sila, descendiente del dictador Sila, que se encontraba en la Narbonense. Tigelino poco a poco iba minando al César con la idea de que ambos podían constituir un seria amenaza para el trono, hasta que llegó a convencerlo y determinó sus asesinatos.

Como es lógico, todos sus bienes pasaron a engrosar las arcas del Estado.

Ante estos sucesos, el Senado se encontraba consternado. Los senadores se sentían amedrentados por temor a ver quién era el próximo que se iba a encontrar en esa situación, por lo que no osaban dar un paso en contra de las ideas de palacio.

A esta situación vino a sumarse otro acontecimiento preocupante: la alianza que se estaba urdiendo entre el consejero y Popea, la amante del emperador.

Aunque Nerón no había prestado nunca mucha atención a Octavia, su mujer, no se había decidido nunca a repudiarla, aunque su amante se lo había solicitado en diferentes ocasiones, debido por un lado a la oposición de sus viejos consejeros, que le repetían que ella era la causa de que él fuera el príncipe, y por otro al afecto que sentía el pueblo hacia ella.

Con la desaparición de Burro y Séneca, uno de los impedimentos también se había desvanecido, pero el César sabía que si se producía el divorcio, Octavia podría llegar a englobar en torno a ella a todos sus enemigos, que comenzaban a ser muchos.

Los acontecimientos se precipitaron cuando Popea anunció que se encontraba embarazada, pues la situación tomaba un cariz nuevo.

Nerón, resuelto a no demorar más la cuestión y asesorado por su consejero, no tardó en anunciar públicamente que Octavia nunca podría dar un heredero que ocupara el trono en el futuro; por tanto, había determinado llevar a cabo el divorcio, por lo que fue repudiada la hija de Claudio, que no tuvo más remedio que abandonar el palacio. Como acto de buena intención le cedió la mansión que había pertenecido a Burro y las haciendas de Plauto. Popea hizo otro tanto y también pidió el divorcio de su antiguo marido Otón, no habiendo ningún reparo en concedérselo, pues no se encontraba presente ya que continuaba ejerciendo el gobierno de la provincia lusitana.

Pero Popea, aunque contenta, no estaba satisfecha, pues deseaba el fin total de la antigua emperatriz, para lo que no hubo de esperar mucho, pues sus deseos fueron concedidos y cumplidos por Tigelino.

Ambos tramaron una conjura con el fin de que Octavia apareciera como una adúltera ante toda Roma, para lo que hicieron que cayera a los pies de un esclavo egipcio que había sido incluido entre sus servidores. Tras consumarse la relación, Octavia fue acusada por uno de sus criados, previamente comprado por el consejero imperial y la amante. El resto fue fácil, pues se limitaron a torturar al conjunto de los servidores de la casa para conseguir lo que querían.

El resultado fue el que esperaban tanto Tigelino como Popea: Octavia fue desterrada a la Campania. Entre la población, muy descontenta, se levantaron críticas y hubo muchas personas que colocaron flores ante las estatuas de la hija de Claudio. Todo daba igual; el consejero y la amante del César se salieron con la suya.

Dos semanas después de haberse producido la condena al exilio, Nerón tomaba como esposa a Popea.

Algo que no había pasado hasta que no desaparecieron Burro y Séneca comenzó a manifestarse entre la población: apareció un resentimiento en toda Roma.

Por primera vez el César fue criticado y visto con animadversión. Los romanos no aceptaban que hubiera hecho su esposa a una cortesana ambiciosa, y tampoco que se dejara asesorar por un oportunista. Los enemigos del gobierno del príncipe comenzaron a apiñarse en torno a la figura de Octavia y a considerar que Nerón no debía ocupar el trono que le sostenía. Así, se produjeron diversos desórdenes.

El príncipe se mostraba temeroso, preocupado por el rumbo que estaban tomando las cosas. En ningún momento había pensado que la situación pudiera haberse vuelto tan delicada, por lo que se planteó que Octavia volviera a Roma.

Popea se alarmó de inmediato; pensó que debía trazar un plan y así lo hizo. Volvió a actuar como hiciera tiempo atrás cuando representó el papel de esposa enamorada que le hizo lograr el envío de su antiguo marido Otón a Lusitania. Lloró, se humilló, incluso representó el papel de esposa sacrificada que no tendría inconveniente en abandonar Roma por su marido, el César, que desgraciadamente no vería nacer a su hijo.

Nerón cedió a esta última insinuación, ordenó a Tigelino sacar a los pretorianos a las calles para que instaurasen el orden y sin que tuviera que repetirle el mandato dos veces apostó la guardia pretoriana en todos los rincones de Roma y restituyó la calma.

Pero la nueva mujer del César ya había decidido acabar de una vez con Octavia. Dirigiéndose a Nerón le dijo que su antigua mujer representaba un peligro, pues si por un momento se le pasaba por la cabeza retornar a Roma, iba a encontrar a todos su seguidores preparados para levantar al populacho contra él. Verdaderamente debía conocer los puntos débiles del príncipe. Se debía encontrar una prueba evidente que ligara a Octavia con la idea de conspirar contra el César.

Para volver a llevar a cabo esta intriga contó con un hombre de su total lealtad, Aniceto, uno de los principales asesinos de Agripina, aunque después de este crimen había caído en desgracia ante los ojos de Nerón, quizás como una forma de exculparse por parte del príncipe.

En esta ocasión su trabajo era mucho más sencillo: no tenía más que confesar públicamente que había mantenido una relación sentimental con Octavia. El príncipe le prometió grandes beneficios, pero también le lanzó una velada amenaza si se negaba a ayudarle en esta ocasión.

Aniceto confesó ante el consejo del príncipe la relación mantenida con la hija de Claudio, así que, declarado culpable, fue desterrado a la isla de Cerdeña. Pero su exilio sería bastante soportable, siendo uno de los pocos personajes que en estos tiempos turbulentos llegó a fallecer de muerte natural.

El camino de Octavia siguió otros derroteros. Nerón, haciendo pública la acusación, le imputó la tentativa de hacerse con el control de la armada de Miseno seduciendo a su capitán. También la acusó de haber tenido un hijo con Aniceto, aduciendo que este hombre lo había declarado así, mientras que a él no había sido capaz de otorgarle un heredero, por lo que, declarada culpable, se la condenó de nuevo al destierro, pero en esta ocasión un ostracismo mucho más duro en la isla de Pandataria, donde ya habían estado algunas mujeres de la dinastía Julio-Claudia.

Pero aquí no pudo ni siquiera malvivir, pues nada más pisar la isla se le ordenó que debía quitarse la vida. Octavia se negó, pidió clemencia, misericordia, aludió a la sangre que le corría por las venas, pero nada de lo que pudo decir causó efecto entre los soldados de Tigelino.

Los soldados, al ver que no iba a llevar a cabo el suicidio, desenvainaron sus espadas y, ante el terror y el pánico que se apoderó de la muchacha, la sujetaron y le seccionaron con numerosos cortes las muñecas y las piernas para que se desangrara; pero molestos debido a que la sangre no fluía con rapidez, la introdujeron en un baño de agua hirviendo.

Posteriormente, y como se le había ordenado, uno de los centuriones sacó el cuerpo del baño y le cortó la cabeza como muestra de que se había llevado a cabo el crimen.

Octavia murió el 11 de junio del 62 a la edad de veinte años, abrasada y por inhalación de los vapores que desprendió el agua.

Se dice que cuando le fue entregado el trofeo al César, Popea exhibió una gran sonrisa.

Tras la muerte de Octavia se sucedieron diversos asesinatos, entre ellos varios libertos que habían criticado visiblemente el matrimonio de Nerón y Popea, aunque la muerte más llamativa fue la de Palas, el liberto de Claudio, antiguo amante de Agripina, expulsado de palacio por Nerón.

*Oficiales pretorianos, relieve del siglo II,
en el Museo Nacional del Louvre.*

Palas rebasaba los sesenta años y ya no podía resultar ningún problema para el príncipe, pero seguía conservando un gran patrimonio, del que en estos momentos Nerón estaba falto; por tanto, era un bocado bastante apetitoso.

Un buen día, el antiguo ministro de Claudio, no se sabe si por enfermedad o por ser víctima de algún veneno, sencillamente murió. Todos sus bienes pasaron a incrementar las arcas del Estado.

En todas estas desapariciones, por una u otra causa, permanentemente se encontraba presente la mano de Tigelino.

Mientras Roma se sembraba de cadáveres y un reguero de sangre iba manchando sus calles, en el Oriente seguían existiendo roces entre partos y romanos.

Nerón había colocado en el trono de Armenia un gobierno títere con el nieto de Arquelao, Tigranes, a la cabeza. Pero el rey armenio era más ambicioso e intentó expandir sus fronteras hacia el sur, donde se encontraban territorios sometidos a los partos.

Vologeso reaccionó de forma contundente, rechazó a las fuerzas invasoras, penetró en Armenia y se dirigió a la capital, Tigranocerta, con el objetivo de expulsar del trono a Tigranes y volver a colocar en su lugar a su hermano Tirídates.

Cuando se recibió la noticia en Roma el palacio y el Senado se pusieron en pie de guerra. El príncipe nombró como nuevo jefe de las legiones en la zona a Lucio Sesenio Peto, el cual prometía una campaña corta y victoriosa.

Se ordenó a Domicio Corbulón proteger las fronteras de Siria ante un eventual ataque parto, para lo que contó con cuatro legiones, además de dos cuerpos de elite auxiliares. Asimismo, y debido a su experiencia en el terreno, protegió los abastecimientos y surtidores de agua, con el fin de tener constantes suministros y evitar que pudieran caer en manos del enemigo.

Mientras, Tigranes, que había sido reforzado por dos legiones enviadas por Corbulón desde Siria, se había atrincherado en la capital armenia, resistiendo las acometidas de los partos, que no eran muy hábiles en el asedio a las ciudades, ya que debido al tipo de estrategia que practicaban, fundamentada en la caballería, eran verdaderos maestros en la lucha en campo abierto.

Llegados a este punto, Corbulón, antes de romper las hostilidades, decidió agotar las vías diplomáticas, por lo que mandó un emisario a Vologeso para intentar dar por finalizado el conflicto.

El rey parto tampoco se encontraba muy dispuesto a emprender otra guerra, pues había tenido graves problemas con las cosechas que le impedían abastecer a sus tropas, así que se decidió a levantar el asedio de Triganocerta y enviar una embajada a Roma para parlamentar con Nerón; sin embargo, las conversaciones fueron infructuosas y la delegación regresó con las manos vacías.

La guerra era inevitable.

Peto se colocaba al mando de tres legiones y de tres cuerpos auxiliares y recibió la orden de marchar a Oriente. Desembarcando en Asia Menor, se dirigió hacia Armenia, donde penetró, encaminándose con premura con dirección a la capital tras haberse apoderado de algunas fortalezas. Pero a causa de su inexperiencia, su desconocimiento del terreno y su engreimiento, iba a cometer un gravísimo error, pues había menospreciado continuamente a su enemigo, mandando un correo al César comunicándole que ya daba por controlada toda la región.

Pero no había tomado las medidas adecuadas ni las precauciones suficientes, no contaba con abastecimientos para mantener durante el invierno a las tropas e incluso se permitió el lujo de retirar una legión de la zona. Ni tan siquiera se preocupó excesivamente en vigilar los movimientos del adversario.

Todo ello le pasó factura. Las fuerzas partas destrozaron la caballería romana y la infantería pesada, haciendo que los supervivientes, entre ellos el general romano, se vieran obligados a tener que replegarse y hacerse fuertes en una plaza fortificada cercana a uno de los afluentes del Tigris.

Las tropas partas llegaron con una rapidez asombrosa y sitiaron la fortaleza, si bien el general romano había tenido tiempo de solicitar a Corbulón refuerzos tras exponerle la precaria situación en que se encontraba.

Corbulón, tras fortificar la frontera siria, partió en socorro de las legiones. Según avanzaba hacia el objetivo, encontró numerosos soldados de Peto a los que hizo volver grupas para apoyar a sus compañeros.

Vologeso fue informado de la llegada inminente de Corbulón, por lo que se decidió a incrementar el cerco, con el fin de debilitar cuanto antes las defensas romanas.

Aun así, Peto, sabiendo que llegaba en su socorro Corbulón, dirigió diversos correos al rey parto, exigiendo la retirada de sus tropas, pero Vologeso hizo caso omiso a estas reclamaciones. Con ello, al general romano no le quedó más que capitular.

Se acordó que los partos retirarían el sitio y mandarían una embajada a Roma para negociar los puntos de la paz. Los soldados romanos se replegarían fuera de Armenia tras haber abandonado todas las plazas fuertes que habían tomado, todos sus abastecimientos, sus armas, sus caballos, sus esclavos e incluso sus ropas en lo más duro del invierno. Peto acordó que ninguna fuerza romana entraría en Armenia hasta que se produjera la contestación del César.

Pero, llegado el momento, los legionarios romanos se negaron a abandonar el campamento, pues no deseaban ser objeto de burla por parte de los guerreros partos, aunque no tenían más remedio que hacerlo si no querían morir allí. Vologeso, para más humillación, todavía les obligó a levantar un puente sobre el río antes de poder retirarse.

Mientras tanto Corbulón, pensando que Peto estaba resistiendo los envites partos, marchaba en su ayuda. Sus fuerzas estaban formadas por unos 5.000 hombres, además de transportes de trigo. Pero cuando ya estaba cerca de la posición de Peto, a menos de cinco días, en el camino encontró numerosos soldados que habían conseguido escapar del cerco parto y le contaron la derrota y el sometimiento del general romano.

Días después Corbulón y Peto se encontraron en el Éufrates. Allí el segundo narró lo acontecido, explicando que había tenido que despojarse de todo, incluso abandonando a sus heridos, por lo que tenían que reunificar las legiones supervivientes y marchar para recuperar Armenia. Pero Corbulón se negó, pues no estaba dispuesto a luchar en inferioridad de condiciones y sacrificar más vidas, y mientras no recibiera órdenes directas del príncipe, se retiraba a su provincia de Siria.

La situación retornó a la posición que tenía antes de estas escaramuzas. Vologeso volvió a sus dominios, Corbulón desmanteló los fuertes que había levantado en la ribera este del Éufrates y los partos entregaron a todos los prisioneros romanos.

Peto se retiró a Capadocia para pasar el invierno y posteriormente marchó a Roma. No volvería a pisar Armenia ni el Oriente.

La situación duró poco tiempo pues a principios del año 63 se volvieron a romper las hostilidades. Esta vez el general romano recibió todos los poderes y un ejército de unos 60.000 hombres, pues se había reforzado con cuatro legiones, así como con gran cantidad de unidades de caballería y de tropas auxiliares, con las que consiguió algunos rápidos éxitos que hicieron temer lo peor a Vologeso, aunque paralelamente ofreció al rey parto soluciones diplomáticas. Ante esta situación los partos decidieron comenzar conversaciones con el mando romano.

En las posiciones en donde tiempo antes había sido vencido Peto se reunieron el hermano de Vologeso y Corbulón y, tras una serie de conversaciones y festejos, Tirídates es reconocido rey de Armenia, y se procede a firmar la paz entre los dos imperios.

Armenia permanecía independiente pero como súbdita de Roma.

Máscaras (procedente de la villa de Adriano), mosaico del siglo II, en los Museos Capitolinos.

En Roma, ese invierno, además de haber estado al tanto de las campañas militares el pueblo también estaba expectante por el embarazo de Popea, que tras haberse desposado con el César había recibido el título que un día portara Agripina, el sobrenombre de Augusta, aunque, curiosamente, Octavia nunca lo había ostentado.

El frío arreciaba en la ciudad, por lo que Nerón tomó la determinación de trasladarse a Anzio, su ciudad natal, con el fin de que allí su mujer no sufriera tanto, pues el clima era mucho más suave para poder soportar más tranquilamente un embarazo.

El primer mes del año 63 Popea dio a luz una niña que recibió el nombre de Claudia Augusta. Tradicionalmente, con el nacimiento comenzaba una etapa considerada impura durante la cual se cernían numerosos peligros. Si el bebé no era aceptado o tenía alguna deficiencia, era ahogado o abandonado. Si por el contrario era admitido, dependiendo del sexo, debía pasar un período de tiempo que abarcaba entre siete y ocho días. Pasado este intervalo se procedía a su purificación y a dotarle de un nombre, y se celebraba con un sacrificio y un banquete.

El príncipe recibió este nacimiento con una pequeña desilusión, pues necesitaba un hijo que fuera su heredero. Sin embargo, no por ello estaba descontento, y para celebrar el nacimiento se realizaron juegos, espectáculos, procesiones, etc. Como tenía por costumbre, Nerón lo realizó todo sin reparar en gastos, en un momento en que las arcas ya no podían seguir manteniendo durante mucho tiempo más el despilfarro y derroche económico que suponía la realización de toda esta clase de celebraciones.

La totalidad de los senadores marchó a Anzio para celebrar el nacimiento. Se decretó que todos los años se celebraría en esta localidad el cumpleaños de la niña con grandes fiestas para la población, pero ésta no pudo superar el cuarto mes de vida.

Nerón, desesperado por el dolor, se entregó a sus excesos ante esta temprana pérdida y todos los festejos que se habían llevado a cabo durante los tres meses siguientes al nacimiento del bebé se abandonaron inmediatamente.

El príncipe, aunque triste por la pérdida de su hija, parece que cobró un poco de alegría con la finalización de la guerra contra los partos ese año, así que llevó a cabo algunas decisiones políticas, como el hecho de nombrar ciudadanos latinos a los habitantes de los Alpes marítimos. También se consiguió cerrar de forma positiva la negociación con los etíopes, lo que permitió a los romanos entrar en esta región y alcanzar su oro. Pero Nerón se resistía a regresar a Roma, por lo que buscando retrasar ese momento viajó al sur de Italia, llegando a Nápoles.

Desde la pérdida de su hija, al César le abandonó todo deseo de actuar o cantar, de manera que no volvió a intervenir en ningún espectáculo musical o en una representación teatral, lo que quizás supuso una bendición para muchas personas. Pero este estado de cosas no se iba a mantener durante largo tiempo, puesto que poco a poco fue resurgiendo en él su vena artística.

El retorno de su afición vino acompañado de otra aspiración: quería participar en un espectáculo en donde el público no estuviera formado solamente por familias patricias, las cuales, temiendo granjearse la enemistad del César, nunca eran críticas con sus actuaciones; por tanto, quería que todo el pueblo contemplara sus dotes artísticas.

Éste fue el objetivo fundamental por el que se desplazó hasta la ciudad de Nápoles. Además estaba decidido a partir desde aquí al sur de la península itálica, donde se embarcaría con rumbo a Acaya[62] con el fin de hacer realidad su mayor deseo entre todos: visitar la cuna de la cultura, Grecia.

Pero no sólo por ello había decidido actuar en esta población de la Campania, sino también porque era la que guardaba mayor relación con la antigua Grecia. Allí pensaba el César que seguramente iba a ser más alabado su talento creador. También tenía una estrecha relación con esta urbe, puesto que se instaló en ella después del asesinato de su madre.

Nerón volvió a retomar los ejercicios que practicaba para entrenar la voz, que no había vuelto a realizar desde la muerte de su hija. Pero lo hizo con renovado brío, así como sus clases de música.

El recital tuvo lugar a principios del año 64, y este hecho despertó la curiosidad de los habitantes de la ciudad así como de las poblaciones vecinas, que no repararon en llenar todo el teatro para poder ver a su príncipe en plena actuación, junto con los soldados de las guarniciones próximas.

Cuando el César salió a escena fue recibido con un atronador aplauso del público, que se mostró muy entusiasmado, y con su actuación obtuvo un gran éxito; tanto es así, que actuó en varias sesiones más en Nápoles, pero con tan mala suerte, que en una de ellas el teatro se vino abajo, se derrumbó, sin que se supiera la cifra de muertos que causó la catástrofe. Parece ser que la causa habría que buscarla en el Vesubio, que en estos momentos se encontraba en actividad. Se dice que Nerón, para salvarse, se lanzó al escenario, y ya en escena, no vio mal alguno en comenzar a cantar y a tocar su lira.

Días después el cortejo imperial se puso en marcha, abandonando Nápoles con dirección a Brindisi, donde se supone que se produciría el embarque con destino primero a Egipto, donde se había elevado el descontento de los grandes terratenientes debido al aumento de los impuestos para levantar monumentos en honor de Nerón en esta visita, y posteriormente a su deseada Grecia.

Pero sin saber las causas, y a diferencia de lo que todos los miembros de la comitiva pensaban, no se dirigieron al sur, sino que tomaron la dirección del norte, con destino a Roma.

Sea como fuere, la comitiva regresó a la urbe, donde después de algún tiempo Nerón volvió a retomar la idea de emprender el esperado viaje.

La población tenía su idea particular de la excursión, pues mientras la inmensa mayoría de los habitantes temía que al trasladarse Nerón al Oriente se iban a producir problemas con el abastecimiento de la ciudad, los patricios pensaban que con su marcha a las provincias podrían librarse por un período de tiempo de sus excentricidades.

Nerón confundió estos sentimientos de los romanos, pues creyó que sus emociones se debían al amor que profesaban a su príncipe.

Sin embargo, cuando el César visitó los templos de algunos dioses para rogarles por el bien de la empresa que iba a emprender acontecieron diferentes fenómenos que el emperador tomó como síntomas de malos presagios, por lo que finalmente el proyecto cayó en el olvido.

No obstante, los impuestos que se habían recaudado en Egipto para la llegada del príncipe tendrían sus efectos tiempo después.

Nerón, ya sin preocuparse por los viajes, se entregaba a sus aficiones haciendo de cualquier día una fiesta y abandonando el gobierno del Imperio a manos de Tigelino, el cual le proporcionaba al príncipe toda la diversión que fuera posible. A su alrededor se agrupaba todo el libertinaje de la gran urbe, los componentes de las clases patricias abandonaban su dignidad para entregarse a los placeres e incluso se rumoreaba que el César practicaba juegos eróticos, en los que se encerraba dentro de una jaula con varios hombres y mujeres desnudos atados a diversos pilares, y, portando una piel de animal, como si de una fiera se tratase, se lanzaba a cualquiera de ellos; cuando llegaba al punto de máxima excitación, finalizaba la actividad con uno de sus libertos, Doríforo[63], con el que se dice que incluso en su momento de mayor degeneración llegaría a unirse en matrimonio.

VI.   EL GRAN INCENDIO DE ROMA

Roma, desde su aparición, se fue expandiendo de una forma desorganizada, sin un plan urbanístico concreto. Servio Tulio fue el primero que decidió rodear las siete colinas con una muralla, haciendo del Foro Romano el centro. Pero en el 390 a.C. con la invasión de los celtas la ciudad fue arrasada e incendiada, y se volvió a reconstruir, pero siguiendo con las mismas pautas. Paulatinamente, al ir creciendo la población se produjo una presión demográfica, asentándose las personas con menos recursos en el monte Aventino.

Las casas se encontraban construidas sin orden haciendo que las calles fueran angostas; de éstas, la mayor parte no contaban con aceras y tenían una anchura de cuatro o cinco metros como máximo, y en ocasiones poseían una pendiente muy pronunciada debido a las desigualdades del terreno.

El material con que se levantaban las casas no era muy bueno, normalmente ladrillo secado al sol o madera, y en muchos casos, debido a la continua afluencia de habitantes y al poco espacio que existía, se levantaban más de tres pisos, e incluso aparecían muchos edificios con alturas de hasta siete pisos, con el peligro que conllevaba, pues al ser muy débiles eran normales los desmoronamientos y los accidentes. Estos edificios se conocían con el nombre de *insulae*.

La *insula* estaba formada por viviendas independientes que contaban con habitaciones para distintos usos, que se disponían mediante un orden riguroso desde la planta baja a la última planta[64]. Normalmente estas viviendas solían ser alquiladas y contaban con el mobiliario mínimo: cama, mesa, y poco más;

además, no tenían cristales en las ventanas para preservarse del frío del invierno, por lo que los calentadores o chimeneas existentes no eran suficientes para contrarrestar la situación.

En las casas no había agua corriente, excepto en las residencias o domus patricias, que estaban conectadas directamente a los acueductos por una red de tuberías que llevaban el agua a depósitos particulares, por lo que los acueductos se encargaban de suministrarla desde las colinas a las fuentes públicas y las termas, vertiendo aproximadamente 900 millones de litros diarios. El primer acueducto que apareció en Roma se levantó en el 312 a.C. y se trataba de Aqua Appia.

Uno de los mayores problemas que afrontaba la urbe era el del tráfico rodado, puesto que aunque el tránsito de carros estaba prohibido dentro de la ciudad durante el día, los transportes de materiales y mercancías abarrotaban las calles, con las dificultades que esto conllevaba.

Los barrios más acomodados no tenían nada que ver con el resto; se encontraban en la colina del Esquilino, donde se levantaban las domus, mansiones de una o dos plantas cuyos muros no tenían ninguna ventana a la calle; la vida se desarrollaba en el interior, en torno a un patio, con muchas influencias griegas. El Esquilino se encontraba al este de la Subura, el barrio pobre, junto con el Velabrum y el Argilentum, donde se hacinaban las *insulae*, tabernas, todo tipo de tiendas, lupanares, etc.; junto a ellos se levantaban en la ciudad los Foros, el Capitolio o el Palatino, en donde se construían los edificios públicos, templos, que eran los que se levantaban más cuidadosamente, y se encontraba el centro neurálgico del Imperio.

Alrededor de la urbe se esparcían numerosas villas pertenecientes a las familias patricias que se alojaban allí en los períodos muy cálidos o en momentos en los que aparecía alguna enfermedad en la ciudad.

En el siglo I d.C. Roma tenía 21 km² aproximadamente y ya contaba con casi un millón de habitantes. Augusto acometió un plan de embellecimiento de la ciudad, prohibiendo que se ele-

Barrio romano de la Subura (maqueta), en el Museo de la Civilización Romana.

varan los edificios más de 20 m, distribuyó la ciudad en 14 regiones o barrios, y a cada uno lo dotó con un equipo de personas cuya misión era sofocar los incendios que se produjeran en su zona.

El verano del año 64 se presentaba extremadamente cálido y seco. Las familias pertenecientes a las clases pudientes buscaban un clima más benigno en otras regiones para poder pasar con mayor comodidad el estío; el resto de la población tenía que dedicarse a sus tareas cotidianas como podía, mientras sufría el rigor del sol, pasando los momentos más duros hacia el mediodía, cuando abrasaba con toda su crudeza.

El príncipe había decidido trasladarse a Anzio para pasar esta época cerca del mar; no obstante, en esta localidad también se evidenciaban las consecuencias de la sequía, pero con mucha menor intensidad que en Roma, por lo que la estancia se hacía algo más soportable.

El 18 de julio durante todo el día el tiempo no había cambiado; seguía haciendo un gran bochorno con una sensación constante de asfixia. Sin embargo, al caer la noche comenzó a soplar viento y, aunque bastante cálido, parecía que la gran urbe iba a conseguir tener un respiro, por lo que quizás sus habitantes conseguirían dormir tranquilos algunas horas.

Transcurría la noche con tranquilidad, sin que nada extraño ocurriera, como una noche cualquiera.

De repente, se comenzaron a oír los gritos, los pasos y las carreras apresuradas de las patrullas por todos los rincones, que, de forma apremiante, daban la alerta en toda la ciudad instando a la población a salir de sus casas rápidamente.

Roma ardía.

Cuando los ciudadanos abandonaban sus domicilios y pisaban la calle el espectáculo que se presentaba a sus ojos era impresionante, dantesco, pavoroso.

Sobre la capital del Imperio, hacia el cielo, ascendían grandes destellos anaranjados provenientes de la inmensa hoguera en que se estaba convirtiendo la metrópoli.

El fuego había comenzado en la zona del circo próxima a los montes Palatino y Celio[65], y, prendiendo en tiendas y tenderetes, tabernas y mancebías que se encontraban en aquellas zonas, tuvo como gran aliado al viento, que soplando del sur propició la expansión del fuego hacia el norte y el noroeste[66] trasladándose raudamente y sin que ningún obstáculo le cortara el camino a las primeras casas, todo ello facilitado por la inexistencia de un trazado regular de las calles y la aglomeración desordenada de las casas, en su mayoría de madera.

El incendio se extendió por el foro Boario, el monte Celio, el monte Palatino y la vía Triunfal, y llegó al valle Muncio tomando la dirección de la colina Velia, el monte Fagutal y el monte Oppio[67].

La gente comenzó a correr en desbandada, sin orden. La ciudad se convirtió en un caos. Las mujeres buscaban a sus hijos. Se producían atascos en las estrechas calles que no permitían el avance. Muchos aprovecharon la situación y comenzaron a saquear las casas, lo que trajo consigo enfrentamientos y nuevos problemas para aquellos que querían escapar.

Multitud de personas caían al suelo y eran aplastadas en su huida por el resto de la muchedumbre. Otros que intentaban ayudarlos también eran empujados, dificultando las posibles vías de salida, por lo que no podían evitar que las casas, rodeadas de las lenguas de fuego que producían las llamas, se vinieran abajo.

Al palacio de Anzio se enviaron velozmente correos que refirieron al príncipe la situación que se estaba viviendo en Roma. Nerón no esperó ni un minuto; partió con premura hacia la ciudad, adonde llegó cuando ya en el horizonte se vislumbraban las primeras luces del alba. Ante él, la capital amanecía envuelta en una densa nube de humo negro traspasada aquí y allá por resplandores rojizos y amarillentos.

El príncipe, quién sabe sí recordando la pira funeraria de Agripina, su madre, observaba cómo Roma, la Ciudad Eterna, el corazón del Imperio, se convertía en brasas y ceniza. Se dirigió a la zona más alta de la ciudad para poder tener una

121

valoración lo más amplia posible y ahí pudo ver cómo su palacio, la Domus Transitoria, que se encontraba entre el Palatino, el Celio y el Esquilino, pronto fue atacado por las llamas y convertido en ruinas. En él, durante su búsqueda continua, había instalado las obras de arte que había ido adquiriendo con el paso del tiempo. Todas ellas se perdieron.

El viento expandía el incendio por toda la ciudad. Las *insulae* ardían por los cuatro costados y se derrumbaban si oponer ninguna resistencia, aprisionando a la muchedumbre que corría despavorida por todos los lados intentando ponerse a salvo.

Si existía el infierno, se podía decir que esa noche se encontraba en Roma.

Ante este espectáculo, el príncipe, el más poderoso de los hombres, se encontraba impotente, sin poder hacer nada. ¿Qué podía pasársele por la cabeza en esos momentos?

Los clásicos dicen que acompañado por su lira comenzó a declamar una oda en la que se narraba la toma de Troya por los aqueos[68].

Nerón puso en marcha una serie de ayudas inmediatas para la población que consiguió sobrevivir a las llamas.

Ordenó abrir el Campo de Marte y levantar casas prefabricadas que pudieran albergar a la población. Igualmente ordenó que todos los lugares públicos, como templos, el panteón de Agripa, jardines, termas, teatros, etc., acogieran a toda la gente que pudieran.

Llegó la tarde y la situación seguía estancada. El fuego continuaba consumiendo todo lo que encontraba a su paso, teniendo como fiel aliado al viento, que en ningún momento había dejado de soplar. Los encargados de sofocar el incendio, los soldados, todo el mundo se estaba dando por vencido; las llamas no disminuían y había pocas zonas que habían permanecido incólumes. Viendo que la situación no tenía visos de finalizar pronto, se requirió de todas las localidades cercanas cualquier cosa que pudiera ser utilizada, ropa, muebles, comida;

igualmente el príncipe decretó un abaratamiento del precio del trigo con el fin de que nadie se aprovechase de la situación.

Las cifras no son totalmente precisas, pero lo que es seguro es que Roma estuvo a merced de las llamas durante una semana aproximadamente y se destruyeron más o menos los dos tercios de la ciudad. Permanecieron intactas únicamente tres de las 14 zonas en que dividió Augusto la urbe, otras tres fueron arrasadas totalmente y en el resto apenas quedaba un puñado de casas en pie.

Resultaron dañados o se perdieron totalmente los monumentos levantados en las épocas más tempranas de la ciudad: un templo alzado por Servio Tulio, sexto rey de Roma y uno de los denominados reyes etruscos, el templo de Vesta, en donde desaparecieron todas las estatuas de los penates o dioses protectores del Estado; un santuario dedicado a Hércules; el templo de Júpiter, que se encontraba ubicado en el Palatino; el palacio de Numa Pompilio, cuyo origen era sabino y fue el primer rey que subió al trono después del legendario Rómulo; el anfiteatro de Estatilio Tauro, ubicado en el campo de Marte[69], y más edificios que no se podrían volver a recuperar jamás.

El aspecto más problemático se produjo a la hora de evaluar el número de víctimas, pues nadie en ningún momento se preocupó de conocerlo.

El príncipe se encontraba preparado para dirigir personalmente las operaciones de extinción del incendio, de retirada de escombros y cenizas, y controlaba los envíos de trigo para que llegaran sin ningún problema a su destino. Abandonó el papel de excéntrico y extravagante y se comportó como lo que era, el César.

Comenzó el momento de reconstrucción de Roma en la que se afanaron todos los habitantes. El príncipe se encargó de volver a levantar o, en su caso, restaurar algunos templos. En la ciudad se pretendía ensanchar más las calles, se iba a estipular la altura máxima que podían llegar a alcanzar los edificios, se colocaron soportales en ellos con el fin de que fueran más fuertes y

Domus Aurea de Nerón (Roma), del año 65.

de que pudiera pasear la gente, se crearon terrazas desde donde se pudiera combatir el fuego, se ordenó que se levantaran en ciertos lugares bóvedas que sirvieran de contrafuertes a los edificios y se decretó que en todos los barrios existiera un cuerpo de guardia encargado del control de los depósitos del agua que se habían ubicado en lugares concretos y cuyo objetivo fundamental era prevenir o sofocar los incendios.

Nerón también ordenó que las casas, si se podía, estuvieran separadas para que en caso de incendio, éste no se propagara a los edificios aledaños; se precisó que los materiales a utilizar debían ser incombustibles. Pero todavía había mucha gente que decía que la estructura anterior era más idónea, pues ahora con la existencia de calles tan anchas y que se encontraban al descubierto, el sol se había hecho dueño de todo.

Pero Nerón había perdido su palacio, la Domus Transitoria, por lo que sobre sus ruinas concebiría una morada en *donde pudiera vivir como un hombre*, la Domus Áurea, para lo que se apropió de gran parte de las zonas colindantes, abarcando una vasta zona entre el Palatino, el Esquilino y el Celio, donde también se levantaría el Coloso[70], una estatua enorme que mostraba una figura del propio Nerón realizada en bronce, elaborada por el escultor Zenodoro, la cual medía unos 35 m de altura y se colocaría en el vestíbulo de la Domus, hasta el punto de que muchos romanos comenzaron a decir que ya no se iba a poder vivir en la ciudad puesto que no iba a quedar lugar para que el resto de los habitantes levantaran sus casas.

Se alzaron voces que acusaron al príncipe de haber sido el artífice de esta gran catástrofe, buscando con ello levantar una nueva ciudad que pudiera llevar su nombre.

Nerón encargó la construcción de la Domus Áurea a los arquitectos Severo y Célere, cuyo proyecto, no sólo para la Domus, sino también para toda la ciudad, pasaba por reformar y embellecer totalmente Roma. Se buscaba, de acuerdo con el príncipe, evitar que en el futuro se pudieran producir situaciones parecidas; para ello contaban con una ingente cantidad de medios a su alcance tanto económicos como de mano de obra, pues no sólo se dio trabajo a gran cantidad de romanos para levantar la residencia, sino que, una vez levantada, se necesitó numeroso personal para atenderla. Su construcción continuaba el mismo año de la muerte de Nerón.

Para su erección se utilizó ladrillo y cemento. Se levantaron techos de unos 12 m de altura, con grandiosas bóvedas y ventanales, amplias galerías y grandes terrazas; además las paredes se decoraron con espléndidos frescos y pinturas que recayeron en la mano del pintor Fabulo, y da comienzo una nueva modalidad de pintura conocida como pintura por manchas[71], que recoge una parte de la tradición helenística, aunque el realismo en este caso desaparece. Junto a este tipo de pintura también hay bellas esculturas que rememoraban los pasajes de la mitología griega y romana.

Nerón no tuvo ningún reparo en crear nuevos impuestos, realizar algunas confiscaciones y practicar saqueos sistemáticos en todas las provincias, territorios aliados, ciudades consideradas libres e incluso en los templos con el fin de apropiarse de todas las obras de arte que pudiera conseguir para embellecer la capital y su nueva residencia, lo que le valió el descontento de todo el Imperio y el de Séneca, que aunque ya no tenía mucha influencia sobre el príncipe sabía que todavía podía realizar algunas cosas que desagradarían a Nerón; por tanto, intentaba encontrarse el máximo tiempo posible fuera de Roma para con ello mostrar su desacuerdo por las acciones que llevaba a cabo, lo que encolerizaba profundamente al César y era aprovechado por Tigelino para arremeter más profundamente contra Séneca. Advertía que el filósofo hería más intensamente al César cuando guardaba silencio y no se encontraba en Roma, que cuando llegaban a sus oídos algunas de sus sutiles frases.

La Domus Áurea estaba compuesta por numerosos edificios levantados con los materiales más nobles, un gran lago artificial que se encontraba rodeado de casas, praderas, viñas, bosques y campos cultivados, todo ello ocupando más o menos 80 ha.

La construcción de este palacio hizo que en la población se originara una gran animadversión hacia el príncipe, pues mientras los ciudadanos de Roma levantaban de nuevo la ciudad con gran sacrificio, él se permitía desperdiciar ingentes cantidades de dinero para crear esta extraordinaria residencia. Por otro lado, los enemigos del gobernante no podían dejar pasar esta ocasión sin poder obtener beneficios de ella, por lo que empezaron a extender el rumor que culpaba a Nerón como el causante y principal beneficiario del incendio que había asolado a la capital, lo que se podía deducir de la pronta reconstrucción de la ciudad a su imagen. A todo ello se sumó un conato de sublevación en la escuela de gladiadores de Penestre, lo que complicaba aún más las cosas, tanto por el incendio como por la situación de las arcas del Estado.

Se hacía necesario buscar un culpable a tan lamentable catástrofe para que el pueblo pudiera dirigir sus iras contra él.

Por entonces existía una pequeña secta que se había instalado en Roma procedente de Judea, los cristianos. Este grupo se asentó en la capital del Imperio en la década de los cuarenta. En su mayoría estaba formado por judíos, por lo que en un principio se tomó como una secta más dentro del judaísmo; sin embargo, también contaba con seguidores de otras religiones orientales. La secta de los cristianos estaba formada fundamentalmente por personas de las clases bajas, esclavos, libertos, elementos de la plebe urbana, etc., que veían en esta religión una esperanza a su situación puesto que hablaba de la existencia de una vida mejor después de la muerte, así como daba mucha importancia a la idea de la pobreza en esta vida como una virtud para la vida posterior.

Hacia finales de la década de los cincuenta el cristianismo parece estar bastante asentado en Roma, lo que quedaría demostrado con la *Epístola a los Romanos* escrita por Pablo, aunque de un modo minoritario, ya que los romanos, que eran muy abiertos y tolerantes para con todo tipo de religiones extranjeras, veían muchas de ellas con curiosidad; pero en este caso no la contemplaban con buenos ojos pues se negaban a divinizar la figura del príncipe y defendían la idea de un monoteísmo, con un solo dios verdadero, el suyo, que había sido el creador de todas las cosas, señor del cielo y de la tierra, que había mandado a su hijo para que viviera entre los hombres con el fin de salvarlos del pecado. El hijo de dios, Jesús, habría sido crucificado para salvar a la Humanidad, pero habría resucitado y prometido la llegada de un Reino de Dios para todos sus seguidores.

Tampoco eran muy bien vistos los elementos más fanáticos y radicales, que aunque eran muy minoritarios, llegarían a propugnar ideas muy extremas como la desobediencia civil.

Pero esta religión no era bien tolerada debido al hecho de que sus ritos y su liturgia se veían como ocultos, secretos y muy poco comprensibles, sobre todo la eucaristía, constituida por un sacramento que, bajo las especies del pan y del vino, contenía la presencia real de Jesucristo, por lo que muchos romanos los acusaban de ateísmo y canibalismo e incluso llegaron a acusarlos en algunos momentos de incesto, debido a que los integrantes de esta secta se trataban entre sí como hermanos, lo que era interpretado por los romanos como una relación prohibida.

Pero para los poderes políticos también suponía un problema, puesto que se negaban a divinizar la figura del César, hablaban de la igualdad entre las personas y del amor al prójimo, etc.; todo ello podría generar graves disturbios pues se trataba de una serie de ideas preocupantes en una sociedad formada por un gran número de esclavos y de plebe.

El cristianismo comenzó a tener sus mártires cuando a principio de los años sesenta fue detenido y ejecutado Pedro, un pescador llamado Simón Bar-Ibna al que Jesús nombró cabeza visible de la nueva iglesia cristiana, reemplazando su nombre por el de Pedro. Se dedicó a peregrinar con el fin de extender las ideas cristianas.

Pablo de Tarso también se convierte en mártir al ser detenido en el año 59. Este hombre formaba parte de una familia judía, encuadrada dentro de los fariseos, tendencia del judaísmo cuyo

128

rasgo principal era la piedad, la severidad y sobre todo la defensa del cumplimiento de la ley divina. Aceptaban la resurrección de los cuerpos y pensaban que las almas de los honestos resucitarían en el reino de los justos. Decían que todo dependía del destino, que era la providencia divina[72]. Curiosamente había formado parte de las persecuciones de cristianos en Jerusalén y Judea, pero de forma súbita, y sin conocerse muy bien las causas, durante un viaje a Damasco se convirtió a esta religión. Se dice que había tenido una visión, y pasó a ser la primera gran figura dentro de los cristianos y su primer teólogo.

A finales de la década de los cincuenta realizó una serie de viajes por el Oriente que lo llevaron a Cilicia, Jerusalén, la península de Anatolia y a tierras griegas.

Nerón y Tigelino debían buscar una cabeza de turco inmediatamente, por lo que propagaron la idea de la culpabilidad de diversas comunidades asentadas en Roma como las causantes directas del incendio. Entre estos grupos, fundamentalmente los judíos[73], se extendió el temor a ser perseguidos, por lo que se levantaron voces que dirigían la atención hacia los cristianos, apoyadas por la existencia de algunos personajes judíos muy cercanos a la Corte y en particular a la mujer del César, Popea, que tenía ciertas simpatías hacia el judaísmo.

Nuevamente, Nerón iba a salir expedito de una situación embarazosa, pues la ira de los romanos, conducida de manera sobresaliente por Tigelino y por diversos representantes de la comunidad judía, iba a condenar a la pequeña comunidad cristiana.

Se abrió un período de persecuciones a los integrantes de la comunidad cristiana. El príncipe esperaba que con ello la población se fuera calmando poco a poco, hasta que, tranquilizada por haber vengado la destrucción de Roma, no volviera los ojos en dirección hacia él para reprochar el derroche económico que suponía la erección de la Domus Áurea, y, por otro lado, poder cortar las alas a sus enemigos, que habían intentado aprovechar la ocasión con el fin terminar de desacreditarle.

Muchos cristianos fueron detenidos, juzgados y declarados culpables, aunque curiosamente gran cantidad de ellos se entregaban de buena gana, pues creían que con su muerte iban a alcanzar el reino de los cielos e iban a conseguir lo que no habían logrado en el mundo terrenal.

Nerón, al igual que muchos romanos, terminó por convencerse de que ellos eran culpables, si no del incendio, sí de otra serie de delitos, puesto que en muchos casos se los acusaba de llevar a cabo actos impíos y prácticas inmorales cuando se reunían; además eran culpables de violar la divinidad del emperador y poner en peligro la estabilidad del Estado, por lo que llegó a dar igual si se los juzgaba por haber sido los autores del incendio o por ser enemigos públicos. El caso es que todo el mundo utilizó el incendio para intentar sacar provecho: los enemigos del príncipe, para acusarle de mala gestión; Nerón, o más bien Tigelino, para intentar eliminar a grupos no deseados y personas contrarias a ellos; y los judíos, que podían haber sido los grandes perdedores, para desviar la atención hacia los cristianos.

Los cristianos fueron condenados a muerte, y en muchos casos se utilizó con ellos el método tradicional de los criminales, la crucifixión; en otros se utilizaron para el anfiteatro, donde se les echaba a perros hambrientos[74]; a otros se los embadurnaba totalmente con brea, se los crucificaba y se los prendía fuego para que sirvieran de iluminación en las fiestas que celebraba Nerón en los jardines de palacio[75].

Será a partir de aquí cuando los seguidores de esta religión comiencen a sufrir persecuciones de diferentes príncipes romanos, pero en este momento sólo en Roma, y aunque en un principio se producen constantes arrestos de cristianos, poco a poco estas persecuciones van perdiendo el empuje inicial. Posteriormente, con la subida al poder de Vespasiano y la instauración de los Flavios en el principado, los cristianos tienen un período de tranquilidad, pues los príncipes son indiferentes a ellos, hasta que Domiciano, el último príncipe de la dinastía a finales del siglo I, comienza de nuevo a hostigarlos e incluso llega a condenar a algunos miembros de los patricios y de su propia dinastía acusándolos de ser cristianos, ateos y de negarse a adorar al emperador. Este acoso sí tuvo lugar en todo el Imperio, e incluso se produjo una depuración dentro del patriciado romano.

Posteriormente, con los Antoninos, aunque los primeros príncipes no intentaron ejercer mucha presión sobre ellos, la hostilidad hacia los seguidores de esta religión aumentó considerablemente, considerándosela como perniciosa. Aunque al final se producen los primeros síntomas de tolerancia, coincidiendo con el término del reinado de Marco Aurelio y con el principado de Cómodo, no obstante todavía el cristianismo seguiría siendo religión fuera de la ley; pero los cristianos se van introduciendo en los órganos del Estado y en cargos públicos y se mantuvieron persecuciones locales, pues muchas personas tenían bastante odio a los cristianos, fundamentalmente por parte del pueblo, no por decreto imperial.

Los momentos de tranquilidad se iban sustituyendo por períodos de persecuciones, hasta llegar a la gran persecución de mediados del siglo III, durante el gobierno de Decio hasta principios del siguiente. Se produjeron numerosas ejecuciones, pero todo finalizará con la conversión de Constantino al cristianismo, el cual en el año 313 promulgó, junto con Licinio, el Edicto de Milán. En él se concedía libertad religiosa en todo el Imperio, pero con mayor apoyo hacia los cristianos. A partir de aquí el cristianismo tendría todo el apoyo de los príncipes, que difundieron una serie de medidas muy imbuidas en las ideas cristianas; aparecieron símbolos cristianos en las monedas; se castigaron las relaciones sexuales fuera del matrimonio; en el año 320 se declaró el domingo como fiesta obligatoria; en el 323 los cristianos pudieron acceder a las más altas magistraturas; en fin, el cristianismo había triunfado.

Reconstrucción ideal de Roma, según J. Hofbauer, grabado del siglo XVIII, en la Biblioteca Nacional de París.

VII. EL FINAL

A partir del año 62, tras la muerte de Burro y la retirada de Séneca, los nuevos asesores no realizaron un exhaustivo control sobre las arcas del Estado, permitiendo a Nerón la continuada celebración de espectáculos y actos públicos, lo que acarrearía una constante salida de capital que en ningún momento se vería compensada con el ingreso de una cantidad análoga de dinero.

Si la situación económica del Estado, incluso antes del incendio, era bastante preocupante, en momentos posteriores se había agravado considerablemente, puesto que había que hacer frente a la reconstrucción de la ciudad, así como a los gastos que iban a ocasionar los proyectos de erección de la Domus Áurea. A ello se sumó el incremento de los juegos que había comenzado el mismo año del incendio, en los que participaba directamente el príncipe.

Hacia el 62 se llevó a cabo un control de los impuestos indirectos, buscando el modo no sólo de mantener sino también de procurar hacer más productivo el sistema de tributos; dos años después Tigelino, viendo el problema que se les venía encima, advirtió al príncipe sobre la necesidad de llevar a cabo una reforma fiscal consistente en una devaluación de la moneda fundamentada en la reducción de un diez por ciento del peso de la moneda de oro, el áureo, y de la moneda de plata, el denario. Con ello se produjo un aumento en los ingresos. Pero a la larga lo que sobrevino fue un incremento de los precios y una gran inflación. Nerón estaba cosechando muchos descontentos, pues existía un subida de las contribuciones, pero paralelamente también se originó un aumento de los precios de los productos.

En el año 65 continuaban los trabajos para la erección de la Domus Áurea. En ella se utilizaba numerosa mano de obra bajo la atenta mirada de los arquitectos y del propio príncipe, que supervisaba personalmente el avance de las tareas, aunque no por ello había dejado de inspeccionar los adelantos en la reconstrucción de Roma, para lo que también se necesitaba numeroso personal que se consiguió en las cárceles de todo el Imperio.

Nerón veía cómo poco a poco se iba haciendo realidad su sueño de levantar el palacio más hermoso que el Imperio hubiera conocido, así como la más bella de las ciudades; su entusiasmo se acrecentará con el anuncio de Popea, que le comunica que ha vuelto a quedar embarazada.

Pero el príncipe permanecía ciego ante la situación de creciente descontento que no sólo se percibía entre la población, sino también entre los miembros del patriciado y los caballeros. Ya se alzaron diversas voces en contra del César, no sólo por su reforma urbanística, sino también por su mala política económica que le obligaba a seguir utilizando el sistema de confiscaciones y de juicios por lesa majestad, por la pérdida de poder e influencia del Senado, por el aumento de funcionarios provenientes de las provincias orientales en detrimento de los romanos e italianos y por sus excentricidades cada vez más notables, pues había entregado toda la autoridad a su consejero, Tigelino. Este hombre era el que verdaderamente manejaba los resortes del poder y se mostraba como si fuera el dueño de Roma.

Todo ello hacía que numerosas facciones tuvieran una idea común que germinaría al cabo de tres años. Se plantearon una serie de operaciones en las que iban a converger desde personas que contemplaban una vuelta a la República hasta los últimos seguidores de la madre del príncipe; todos ellos se aglutinaron bajo un mismo imperativo: la necesidad inevitable de instalar a un nuevo príncipe en el gobierno.

Esta conjura se llevaba gestando hacía bastante tiempo, pero había llegado el momento de llevarla a cabo.

134

En Roma se comenzaron a mover los hilos de una confabulación en la que iban a tener cabida personajes de los estratos medios y altos de la sociedad, senadores, filósofos, soldados, e incluso iban a tomar parte en la trama diversas mujeres[76] y algunos libertos. En ellos se veían representadas dos facciones; los estoicos y la aristocracia senatorial; estos últimos iban a ser los que presentarían a Pisón como futuro príncipe, aunque los dos grupos tenían un profundo respeto por Séneca, pero sin trascender de los círculos políticos de la urbe, pues en esta maniobra no tomó parte ningún personaje asentado en las provincias.

El fin último de la maniobra era el de eliminar a Nerón y colocar a la cabeza del gobierno a un personaje que, aunque no fue el promotor de la conjura, era miembro de una familia republicana muy estimada y tenía una gran influencia entre las clases más desfavorecidas de la sociedad, además de precederle la fama de ser un hombre muy desinteresado y humanitario, Cayo Calpurnio Pisón. No obstante parece ser que existió una serie de personas que apoyaban la candidatura de Lucio Anneo Séneca para ocupar el gobierno en lugar de Pisón, pero el filósofo, que se encontraba al tanto de todo lo que estaba sucediendo, declinó la petición y solicitó mantenerse al margen de todos los movimientos.

Además de Séneca, dentro de este grupo tan variopinto se dieron cita personajes como el poeta Marco Anneo Lucano, sobrino de Séneca, cuyas composiciones y versos eran la envidia de Nerón; Subrio Flavo, tribuno de una cohorte[77] pretoriana, e incluso el prefecto del pretorio Fenio Rufo, el cual se había sentido humillado ante el trato recibido por Tigelino, al que aborrecía profundamente, y también por el propio príncipe. A ellos, paulatinamente, se fueron añadiendo numerosos personajes que temían por la suerte del Imperio si continuaba en las manos de quien gobernaba; asimismo, todos sabían que podían ser víctimas de la política de ejecuciones y confiscaciones que llevaba a cabo Nerón.

Muerte de Séneca, óleo de Rubens, en Alte Pinakothek (Munich).

136

Se fraguó el plan y se especuló con el momento más propicio para atentar y dar fin a la vida de Nerón. Existían dos tendencias; una de ellas apoyaba la idea de eliminar al príncipe en algún momento que se encontrara solo, sin ninguna compañía que rondase a su alrededor, pero se concluyó que la oportunidad más propicia se tendría en cualquier ocasión en que el César se mostrara en público, cuando se pudiera acceder más fácilmente a su persona. Finalmente se fijaron los preparativos para ponerlos en práctica durante las celebraciones de las fiestas de Ceres en abril del 65, mientras se desarrollaban los juegos en el Circo Máximo.

Pero los acontecimientos no se sucedieron tal como les hubiera gustado a los conjurados, pues se iba a producir una terrible desgracia que echaría abajo toda la trama.

Una liberta que formaba parte de la conspiración, con el fin de ganar para la causa al capitán de la flota de Miseno y así conseguir el apoyo de la armada, le puso en antecedentes de toda la maniobra, aunque se preocupó de no desvelar ningún nombre. Sin embargo, el oficial, que había tomado parte en el asesinato de Agripina, en cuanto pudo, y sin perder un solo segundo, se puso en camino con dirección a palacio, donde narró al príncipe todo cuanto había averiguado.

La antigua esclava fue detenida e interrogada por medio del tormento, pero la mujer, valerosamente, intentó no desenmascarar a los confabuladores; su sacrificio resultó vano, pues el mismo día en que había de producirse el magnicidio, otro liberto al servicio de uno de los conjurados, tras conocer lo que se estaba urdiendo, se llegaba a palacio cuando estaba despuntando el día e informaba al César de todo cuanto sabía sin omitir ningún detalle: momento en que se iba a llevar a cabo, lugar, identidad de los integrantes de la maquinación, etc.

Pero Nerón, no muy convencido todavía, pues podía tratarse de una estratagema, ordenó que se prendiera a una de las personas que habían sido nombradas en la declaración del liberto, el hombre al que servía, y se le torturó junto al delator, con lo que uno a uno la identidad de los implicados se fue conociendo.

Se tomaron prontas medidas, el príncipe ordenó que se intensificara la vigilancia en los puestos de guardia y en toda la ciudad, y se dispuso que se apresara a todos los culpables. No debía escapar ninguno. Durante todo el día fueron llegando detenidos al palacio, a todos se les sometió a interrogación, algunos mediante suplicios y otros confesando todo cuanto sabían nada más poner el pie en la residencia imperial; no tardaron en descubrir al resto de sus cómplices. Muchas de las torturas las llevó a cabo Fenio Rufo, que sin haber sido delatado hasta ese momento, traicionó a sus compañeros de conjura para intentar que ninguno de los prisioneros pudiera sacar a relucir su nombre y le implicara en la conjura, por lo que infligía severos castigos, aunque su forma de actuar no le serviría de nada, pues finalmente fue delatado.

En estos momentos Nerón fue presa de un profundo temor. El príncipe vivía en un estado constante de terror por su vida, por lo que decidió actuar con crueldad, en mayor medida asesorado por Popea y por Tigelino, que constantemente le repetían que su existencia había estado en un gran peligro.

Roma fue purgada. En un momento en el que el Imperio vivía un relativo período de paz, sin ningún tipo de conflicto importante, paradójicamente la ciudad se va a teñir de rojo, pues correrán ríos de sangre. Cuando terminó la ola de detenciones, se había aprehendido a numerosas personas que no se encontraban dentro de la intriga, es más, ni siquiera estaban al tanto de ella, pero aprovechando la coyuntura y siendo elementos incómodos, se pretextó por lo menos el conocimiento de la conjura. Aunque fueron proclamadas culpables, antes de ser ejecutadas y con una frialdad honorable acusaron al príncipe de todos los crímenes y excesos que había cometido; unas 50 personas habían sido declaradas culpables, siendo condenadas al suicidio, como fue el caso de Séneca[78], al que Nerón ya en estos momentos odiaba notoria y públicamente, e incluso se rumoreaba que ya había intentado envenenarlo en una ocasión anterior por medio de uno de sus criados. El filósofo sabía que en cualquier momento iba a tener que abandonar este mundo, por lo que se encontraba preparado para llevar a cabo su propio final; para ello fue ayudado con profunda tristeza por sus criados y su médico.

Otras personas fueron condenadas a la pena de muerte, como fue el caso del prefecto del pretorio o de Antonia, la hija que el padrastro de Nerón, Claudio, había tenido con Elia Petina, o el propio Calpurnio Pisón, el cual cayó en manos de un patrulla de pretorianos que tenían órdenes estrictas de Tigelino de no dejarle con vida; también fue condenado a muerte el sobrino de Séneca, Marco Anneo Lucano, que había pasado de alabar a Nerón a despreciarlo completamente, por lo que no tuvo ningún reparo en formar parte de la confabulación.

El sobrino de Séneca, tras ser descubierto y encarcelado y viendo lo que se avecinaba, es decir, sesiones de interrogatorios y tormento, se derrumbó rápidamente y fue presa de un ataque de pánico que le llevaría a involucrar en la trama a personas que ni siquiera estaban al tanto de ella, llegando a tal extremo que incluso implicó y acusó a su propia madre de ser partícipe de la conjura, todo ello con el fin de poder librarse del cadalso, aunque no le sirvió de nada pues fue declarado culpable y obligado a suicidarse cortándose las venas.

Otros tuvieron más suerte y su condena fue el exilio y la confiscación de todos sus bienes.

En los interrogatorios también había salido a relucir el nombre de Tito Petronio, escritor satírico autor del *Satiricón*[79], que había ejercido diferentes cargos públicos y se había encontrado entre el círculo de personas más cercanas al César, sobre quien ejerció gran influencia, puesto que se encargaba de asesorarle en las cuestiones relacionadas con la moda. Aunque se encontraba al corriente de la conjura, prefirió alejarse de estos acontecimientos. Sin embargo, Tigelino albergaba un fuerte sentimiento de odio hacia él, debido al gran peso que había tenido en las decisiones del príncipe, y sólo el mero hecho de que pudiera existir alguna sospecha sobre su participación en la conjura le dio una excusa al prefecto del pretorio para ir contra él. Pero Petronio resolvió no darle el placer a Tigelino de verle morir ejecutado, por lo que decidió suicidarse, aunque antes reunió a todas sus amistades para celebrar un último banquete y durante su transcurso dirigió una carta a Nerón en donde había recogido todos los desmanes de la vida del príncipe. Posteriormente se quitó la vida cortándose las venas.

A todas las personas que le habían permanecido fieles, el César les otorgó honores y generosos presentes, fundamentalmente económicos, concediéndoles 2.000 sestercios por cabeza, como sucedió con los pretorianos, a los que también se les otorgaron honores militares. Tigelino salió reforzado de la situación y el cargo del prefecto de pretorio, que había quedado vacante, fue ocupado por Ninfidio Sabino.

Nerón sentía que sobre él se había cernido un gran peligro, que de haber salido como los conspiradores tenían programado le hubiera costado el trono, y no sólo eso, sino también algo mucho más importante, la vida, por lo que comenzó a desconfiar de todo aquel que se encontraba a su alrededor, excepto de los únicos seres que velaban por su seguridad, su mujer Popea y su consejero Tigelino.

A partir de entonces las relaciones con el Senado fueron empeorando y cayeron en picado. Tigelino sugirió a Nerón que debía retirar el poder y la influencia con la que aún pudieran contar los senadores, pues él era el dueño del Imperio y acababa de apreciar personalmente hasta dónde llegaba la ambición de muchas personas.

Se creó una verdadera policía política que tenía como objetivo encontrar y eliminar a cualquier persona cuyo comportamiento pudiera indicar algún asomo de peligro contra el Estado, es decir, contra el César. Al mando de estos grupos se colocó Tigelino, el cual tenía las manos libres para realizar cualquier actuación contra cualquier persona.

Mientras tanto, Popea estaba a punto de dar a luz, pero también se acercaba el momento de volver a celebrar los Juegos Quinquenales. El príncipe se encontraba excitadísimo, ya que pretendía competir en ellos, pues tras todo lo que había acontecido, tenía derecho a divertirse un poco.

Comenzaron con un gran esplendor y fastuosidad. Nerón quería que fueran recordados como los juegos más grandiosos que nadie hubiera visto en su vida, dignos de los mismísimos dioses.

Realmente fue otro gran derroche de dinero que difícilmente podían aguantar las maltrechas arcas del Estado. Además suponía otro punto de fricción con los senadores, que no soportaban ver al César en situación tan pueril, por lo que intentaron convencerle de no participar. Pero aun así, el príncipe compitió en las pruebas como había hecho en los juegos pasados, carreras de carros, poesía, teatro, etc., en donde los espectadores se aburrían sobremanera, y aunque muchos de ellos se divertían observando cómo el César se ponía en ridículo públicamente, otros no comprendían cómo podía abandonarse a actos tan ignominiosos.

Pero un día, tras haber finalizado su participación en una de las diversas pruebas en que tomaba parte, Popea, que se encontraba enferma, se acercó a su marido y le reprochó su forma de tratarla, pues daba la sensación de que quería más a sus caballos que a ella. Este comentario llevó al inicio de una violenta discusión, a la que el César minutos después puso fin, según los testigos, dando un puntapié a Popea justo en el estómago, aunque el suceso nunca pudo aclararse completamente. Pero lo cierto es que la mujer, en el estado en que se encontraba, pudo resistir poco tiempo y finalmente murió.

El César estaba desconsolado, y se hundió por completo. Su dolor era patente, pues quería a su mujer; además, tras la muerte de su primera hija, anhelaba poder tener un primogénito, por lo que la desaparición de ambos supuso un golpe muy fuerte.

Días después se llevó a cabo el sepelio de Popea, con impresionantes actos fúnebres, aunque Nerón rompió con la tradición y su cuerpo no fue incinerado; se embalsamó y se depositó en el panteón de la dinastía Julia, entre la vía Flaminia y el Tíber[80]. El príncipe en esos días se mostraba taciturno. Había perdido a su compañera y, lo que era más grave, no había conseguido engendrar un heredero, hecho que no entristecía a todo el mundo en Roma, pues un sector del patriciado respiraba aliviado por no tener que aguantar a un niño de la estirpe del príncipe.

Mientras había ido ocurriendo todo esto no se había apaciguado ni frenado la represión, pues las detenciones e investigaciones se habían ido sucediendo, por lo que muchas personas pertenecientes a la clase patricia habían sido juzgadas, declaradas culpables y condenadas.

En Roma se había implantado un verdadero régimen policial como se ha dicho antes, en el que nadie podía escapar de la vigilancia y sospechas de Tigelino: políticos, caballeros, escritores, todos fueron investigados y muchos de ellos perseguidos, lo que hacía que el príncipe se encontrara cada vez más solo y separado de la realidad que se estaba viviendo en Roma. De nuevo, muchos comenzaron a pensar que era necesario un cambio en la cabeza del Imperio, pues de seguir así, no iba a quedar nadie con vida en la urbe, ya que a estas persecuciones se sumó una terrible epidemia que asoló la capital segando de raíz la vida de varios miles de personas.

La situación económica iba a recibir otro gran golpe con ocasión de la coronación de Tirídates, hermano del rey parto Vologeso, como soberano de Armenia, pues para los fastos se realizaron extraordinarias celebraciones en un intento de sorprender y maravillar al monarca extranjero, así como afianzar su nueva política autocrática.

La comitiva llegó a Italia ante una expectación general, que veía pasar al séquito para el encuentro con Nerón con gran admiración por todo cuanto portaban. El príncipe recibió a

142

Tirídates en Nápoles y posteriormente prosiguieron las celebraciones, y aunque le desagradaban a Nerón, se ofrecieron combates de gladiadores, además de banquetes y otros actos lúdicos y religiosos.

En días posteriores todos los cortesanos, tanto orientales, como romanos, se trasladaron a Roma, que se había preparado de tal manera que tenía como misión asombrar considerablemente al futuro monarca armenio.

Tirídates, ante el clamor popular, fue reconocido como rey de Armenia; acto seguido comenzarían conmemoraciones, que transcurrieron durante varios días, siendo numeroso el gasto que debió hacer el Estado para intentar demostrar el poderío de Nerón.

Tras las celebraciones y las despedidas entre los dos gobernantes, se produjo la marcha del monarca armenio, ya a todos los efectos como soberano natural, a su reino. En este momento Nerón se mostraba exultante de alegría; a sus pies se postraban los señores del resto de las tierras, por lo que consideró que tenía todo la autoridad, era el príncipe más poderoso de cuantos había tenido Roma, así que se decidió a llevar a la máxima expresión su política de corte absolutista, con el objeto de equipararla a las monarquías orientales; por algo se podía comparar a un dios. Por tanto, para que todo el mundo pudiera apreciar las cualidades que poseía se decidió a emprender su anhelado viaje al Este, a las tierras griegas.

En la gran urbe existía una división con respecto a los sentimientos hacia Nerón. Las clases populares, la plebe, no tenía opción de acceder a palacio, por lo que en ningún momento conocía lo que sucedía en su interior, así que apoyaban sin fisuras a su príncipe.

En el polo opuesto se encontraban las clases altas; los patricios continuaban acrecentando su descontento después de los acontecimientos acaecidos tras la conjura de Pisón del año 65.

Las depuraciones que llevó a cabo Tigelino en este año y a principios del siguiente habían exasperado los ánimos de las

La decadencia del Imperio Romano, según P. Soury.

grandes familias senatoriales, pero esta sensación se veía reforzada después de conocer la cantidad económica que había supuesto para el Estado la recepción y el deseo de impresionar a Tirídates, así como el giro que estaba imprimiendo la camarilla de palacio hacia el despotismo total, lo que suponía eliminar totalmente la influencia del Senado y un factor, no muy grave, pero que tenía un significado moral para el Imperio, con la coronación de Tirídates como soberano de Armenia, ésta quedaba bajo el influjo parto.

La oposición al príncipe iba a contar con nuevos integrantes mucho más poderosos que el Senado, pues formaban el pilar más importante del Imperio. Ahora, aunque no de forma muy visible todavía, se escuchaban rumores dentro del ejército, sobre todo de las tropas acantonadas en las provincias, extendiéndose entre ellas un sentimiento de irritación, que aunque no muy fuerte, podía calificarse cuando menos de peligroso.

Pero el César continuaba haciendo caso omiso a todo lo que ocurrían fuera de palacio; Nerón ya sólo se preocupaba de su viaje hacia el este, donde esperaba convertirse en el triunfador de todos los juegos que se celebraran, por lo que no apreciaba el riesgo de desestabilización que corría el Imperio.

Había abandonado todo el poder en manos de Tigelino, que era el encargado de resolver las situaciones más comprometidas, que en este momento pasaban por eliminar todos los reductos opuestos al César que quedaban dentro de la capital.

Pero también es en esta época cuando realizó uno de los mayores actos de extravagancia. Decidió que ya había llegado el momento de dejar de estar solo y volver a contraer matrimonio, y eligió para unirse a él en esta ocasión a un hombre, un liberto imperial llamado Pitágoras.

Además de su nueva *unión*, el príncipe no sólo pensaba en el triunfo en los juegos. Había decidido expansionar el Imperio, para lo que proyectaba una serie de campañas con el fin de apropiarse de los territorios en torno al Ponto Euxino[81] al Este, y ampliar las zonas al sur de Egipto hacia Etiopía, para lo que se ordena un acuartelamiento de tropas en Egipto.

Pero en el verano del 66, pocos meses antes de que emprendiera el codiciado viaje a la península helénica, sus proyectos africanos se detuvieron brutalmente. En Palestina acababa de estallar una rebelión.

Transcurría el año 63 a.C. cuando en la región de Palestina se estaba sucediendo una serie de enfrentamientos internos debido, a la sucesión en el trono de Judea. En este estado de cosas, los romanos no dudaron en aprovechar la situación. Así Pompeyo, que había conquistado Siria el año anterior, penetró con sus legiones en la zona, estableció el dominio romano en Jerusalén y colocó un gobierno favorable a sus intereses, en el que sobresaldrá el reinado de Herodes el Grande, que llevó a cabo una política prorromana a ultranza, inmiscuyéndose incluso en la guerra civil entre Augusto y Antonio, por el que tomó partido. Tras la batalla de Actium, consiguió ser apoyado por Augusto, que le vio como el único hombre idóneo para seguir manteniendo la situación en calma y favorable a Roma, así como también se aseguraba el apoyo de las grandes familias judías y el control sobre el pueblo, para lo que contaría con guarniciones permanentes de tropas romanas con el fin de sofocar cualquier rebelión posible.

A la muerte del rey judío en el año 4 a.C., el reino se dividió entre sus tres hijos, Arquelao, Filipo y Herodes Antipas. Este último se convirtió en el soberano de la Galilea y la Perea y tendrá gran importancia posteriormente ya que intervino en el proceso que se llevó a cabo contra Jesús. Pero con el cambio de gobierno se produjeron serios desórdenes que tenían como telón de fondo los onerosos impuestos con los que se había empobrecido al pueblo. Los fariseos también se habían revuelto, pidiendo a Roma que Judea fuera colocada bajo mandato del gobernador de Siria, que recibió la orden de ocupar militarmente la zona y acabar con todos los focos rebeldes.

146

Finalmente, Augusto terminó por expulsar del poder a Arquelao, que dominaba Judea, Idumea y Samaria, es decir, controlaba las ciudades más importantes: Jerusalén, Cesarea, Sebaste y Jericó[82], esta última, con bastante importancia religiosa pues fue la primera ciudad que tomó Josué, el lugarteniente y sucesor de Moisés, al entrar en la Tierra Prometida[83].

En el año 6 d.C. la zona pasa a convertirse en provincia romana con el nombre de Iudaea, bajo mando de un procurador romano; el resto de la región permaneció en manos de Filipo y Herodes Antipas, que pasaron a convertirse en vasallos con el título de tetrarcas.

Pero continuamente se sucederán problemas de índole religiosa debido a las diferentes ramas existentes dentro del judaísmo, a lo que se sumaban las continuas disputas sociales contra los extranjeros, como las causadas por los zelotes, grupos compuestos por nacionalistas judíos y sobre todo contra el gobierno romano, debido a que los sucesivos gobernadores, apoyados por las grandes familias de la zona, sometieron a un incesante pillaje a la provincia.

Este sentimiento antirromano se vio acrecentado cuando Calígula, que estaba llevando a cabo un proceso de divinización de su persona en todas las provincias del Imperio, intentó erigir una estatua con su figura en el interior del Templo de Jerusalén, lo que enardeció el ánimo de muchos judíos, que se enfrentaron a las comunidades no judías de la zona, las cuales buscaban una ruptura entre el grupo mayoritario y el poder imperial.

Finalmente, con el asesinato de Calígula se evitó un enfrentamiento abierto y las aguas volvieron a su curso. Pero el resentimiento existente contra Roma se incrementó en gran medida, y los judíos comenzaron a tomar conciencia de su situación bajo el yugo romano, por lo que se reforzó el sentimiento nacionalista de la población.

En estos años se produjeron diferentes actos contra los intereses y la autoridad romana. Además, los judíos no podían consentir que ellos, el pueblo elegido, pudiera encontrarse bajo el sometimiento de Roma. Claudio, en el 41 d.C., opta por restaurar el reino, colocando en el trono a Herodes Agripa, nieto de Herodes el Grande, en un intento de pacificación del territorio, aunque las tensiones sociales continuaban insuflando nuevas energías a los grupos antirromanos.

Esta situación estalla en el 66, cuando se produjo una abierta insurrección debido a la apropiación por parte de los romanos de todos los objetos de valor y del tesoro del templo de Jerusalén y la prohibición a los judíos de efectuar sacrificios a su dios, lo que llevó a un enfrentamiento entre tropas romanas y grupos de judíos.

Pero esta actuación era sólo la gota que colmó el vaso, pues la base fundamental se encontraba en los impuestos abusivos que enriquecían no sólo a Roma, sino también a las grandes familias filorromanas existentes en la zona, fundamentalmente no judíos, que se veían favorecidos también en el ámbito político. En este contexto, también había que añadir la falta de control de las autoridades, lo que hacía que no existiera tranquilidad, con el consecuente incremento del número de salteadores y ladrones.

La noticia del enfrentamiento se extendió velozmente. Las tropas emplazadas en la zona fueron diezmadas, sin tener ninguna opción por hacer nada ante la multitud debido a la escasez de efectivos y a la indecisión de los jefes militares, que intentaban no declarar una guerra abierta a la población judía.

El gobernador de la Galilea y el legado[84] de Siria intentaron controlar la situación, pero fracasaron, pues además de tener que hacer frente a los insurgentes, también tenían que lidiar con el clima, ya que se les estaba echando el invierno encima, por lo que se vieron obligados a retirarse a sus cuarteles, aunque fueron víctimas y sufrieron continuamente el acoso de grupos palestinos.

Nerón debía hacer frente a esta sublevación, pues podía extenderse peligrosamente por las provincias adyacentes, así que encomendó a un oficial curtido en el campo de batalla la misión de pacificar la zona; éste era Tito Flavio Vespasiano, al que puso al frente de un poderoso ejército, compuesto por 60.000 hombres.

Este competente jefe militar no pertenecía a la clase patricia, por lo que tuvo que ganarse su fama en Britania y Germania, llegando a ser cónsul en el año 51.

Vespasiano permaneció prudentemente acuartelado en espera de que finalizara el invierno para poder actuar con mayor libertad de movimientos. En febrero del año 67 se puso en marcha la campaña con una serie de maniobras destinadas a la recuperación y consolidación del territorio, cuyo objetivo final sería la toma de Jerusalén.

Así, tras controlar una zona se realizaban una serie de operaciones de inspección con el propósito de no dejar tras de sí ningún núcleo de resistencia que pudiera entorpecer el avance. En caso de existir focos rebeldes, daban comienzo las maniobras apropiadas destinadas al asedio y captura de las fortalezas que iba encontrando en su camino. Paulatinamente todo el territorio cayó inexorablemente en su poder, hasta que fue eliminado cualquier tipo de resistencia en la alta Galilea.

Sabiéndose dueño de todo el país, Vespasiano preparó concienzudamente la toma de Jerusalén; pero los hechos que se sucederán a finales del invierno de este año y principios del año 68 en Roma llevarán a una ralentización de las operaciones. Así están las cosas, cuando se produce en junio del 68 la muerte de Nerón.

Al llegar la noticia a las provincias orientales se produjo un período de expectativa, en el que se siguieron con preocupación los acontecimientos que se sucedían en la capital y su desenlace. Pero otro factor entraba en escena al producirse un hecho con el que no se había contado: en los primeros días de julio del 69 las legiones situadas en Palestina y Siria proclamaban a Vespasiano nuevo César del Imperio. Con ello se producía el estancamiento de la situación, pues el general marchaba a

Roma con sus tropas, para ocupar el gobierno, enfrentándose y derrotando a Vitelio en diciembre de este año.

Ya sin oposición para ocupar el trono, Vespasiano tomó las medidas pertinentes para cerrar todos los frentes que habían quedado. Para solucionar el problema de Oriente, colocó a su hijo Tito al frente de las operaciones, que continuaron hasta el año siguiente con la toma de Jerusalén, aunque quedarán algunos focos, como la famosa fortaleza de Masadá, la cual resistió el asedio romano hasta el año 74.

Mientras tanto en Roma, Nerón, que seguía con atención todos los acontecimientos que se sucedían en Palestina, no había renunciado a su viaje a Grecia, por lo que continuaba con los preparativos.

Pero ahora otro acontecimiento entró de lleno en su vida.

Pensaba que debía tener un heredero que pudiera ocupar su lugar para que continuara con su política, por lo que puso sus ojos en la mujer de uno de los ejecutados durante las purgas llevadas a cabo en la conjura de Pisón, el cónsul Vestino Ático, la cual ya había sido anteriormente amante del César mientras todavía Popea se encontraba con vida; se trataba de Estatilia Mesalina.

Nerón, por tanto, decidió que no era mala elección, por lo que el matrimonio se realizó a finales del verano, antes de comenzar su viaje.

Todo estaba preparado para iniciar la marcha, y aunque el Senado no estaba totalmente de acuerdo con la realización de este viaje, Nerón no les prestó demasiada atención, pues estaba totalmente convencido de llevar a cabo el deseo de toda su vida y no iba a abandonar sus proyectos ahora que casi podía saborearlos.

En su ausencia el gobierno quedaba en manos de sus libertos Helio y Policleto, que tendrían toda la potestad en su nombre.

Así, a principios de septiembre una gran comitiva formada por aproximadamente 6.000 personas, de los cuales había unos

1.000 Augustani; acompañaban a Nerón, su nueva esposa y Tigelino, que iba al mando de la guardia pretoriana. El trayecto transcurriría hacia el sur de Italia hasta Brindisi, desde donde partirían con destino al Peloponeso, concretamente a Acaya.

Sin embargo, al llegar a la localidad de Beneventum se descubrió una nueva conjura contra el príncipe, en la que había elementos del Senado, del ejército y del orden ecuestre, e incluso algunos de ellos participaban en la expedición a Grecia; a la cabeza de ella se encontraba Annio Viniciano, yerno de Domicio Corbulón.

El plan consistiría en eliminar a Nerón y colocar en su lugar a Corbulón, relacionado en los últimos tiempos con los sectores de la oposición al César y con gran influencia en el ejército, para lo que contarían con el apoyo de diversas tropas en Oriente y en Germania. Pero los servicios secretos de Tigelino se mostraron mucho más eficaces en esta ocasión que en la conjura de Pisón, así que los conspiradores se vieron sorprendidos sin tener ninguna posibilidad de contactar con sus tropas, por lo que quedaron sin apoyos.

Se detuvo a todos los conspiradores y fueron ejecutados sin miramientos; Domicio Corbulón se suicidó. Nerón había cometido un error, pues su decisión, propia o por convicción de Tigelino, le iba a reportar el rencor de las tropas, que veían cómo sus jefes eran exterminados.

Tras estos hechos, como estaba programado, alcanzaron la ciudad de Brindisi, desde donde embarcó el séquito con gran entusiasmo del César, puesto que, a punto de cumplir los 29 años, éste era el primer viaje que realizaba fuera de la península itálica.

Nerón tomó contacto con la tierra griega por primera vez en la isla de Corfú. Estaba exultante, pues por fin había puesto en práctica y hecho realidad el deseo de toda una vida; por ello dio gracias a los dioses locales. Los habitantes de la isla fueron los primeros en ver actuar al César, pues los deleitó con un recital de canto y posteriormente se dirigió a la zona continental para comenzar su gira por toda la tierra griega, en la que además de ofrecer exhibiciones iba a poder participar en los juegos locales.

La comitiva llegó a Actium, donde esperaban anhelosamente al príncipe para que interviniera en sus juegos, establecidos por Augusto, vencedor de Marco Antonio en la batalla naval del año 31 a.C., lo que llevó al poder a la dinastía Julio-Claudia.

Posteriormente, siguiendo con su periplo, la expedición llegó al la península del Peloponeso, a la ciudad de Corinto, donde se estaban celebrando los juegos ístmicos. Durante el transcurso de éstos, Nerón proclamó la independencia de Arcadia, lo que era más un acto simbólico que real, puesto que seguirían estando bajo el poder romano.

Las consecuencias quedaron patentes en el tema económico, pues con ello se otorgaba el privilegio de eliminación de los impuestos, pero la región se encontraba dentro de las provincias senatoriales, por lo que el Senado posteriormente tuvo que ser compensado con la entrega de la isla de Cerdeña.

Como forma de gratificar al príncipe, los griegos no tuvieron ningún impedimento en acceder a su petición: la celebración de las cuatro grandes competiciones para el año siguiente, con el fin de que Nerón pudiera participar en todas ellas: los juegos Olímpicos, que se celebraban en Olimpia y estaban consagrados a Zeus; los juegos Délficos o Píticos, celebrados en Delfos y dedicados a Apolo; los juegos Ístmicos, celebrados en Corinto en honor a Poseidón, y que se estaban realizando, pero por condescendencia con el príncipe lo celebrarían otra vez junto con el resto; y los juegos Nemeos, en Nemea, consagrados también a Zeus.

Antes de convertirse en provincia del Imperio, las ciudades-estado griegas celebraban cada una sus propios torneos, pero en éstos participaban todas ellas. Estas competiciones se realizaban generalmente cada cuatro años, y durante su transcurso se producía una serie de treguas, que, aunque no se pactaban, eran consideradas como sagradas, con el fin de que pudieran estar presentes los competidores de las ciudades enfrentadas, y durante este lapso de tiempo se llevaban a cabo negociaciones de paz. Estos armisticios fueron respetados hasta la época de Alejandro; posteriormente fueron desapareciendo.

Los juegos Olímpicos, celebrados en honor a Zeus, se inauguraron el año 776 a.C., poseyendo un reglamento muy claro para poder participar: sólo se permitía el acceso a los hombres, y además de pruebas físicas, también se celebraban competiciones literarias y artísticas.

Los atletas participaban desnudos en la competición, cubiertos con una capa de aceite que ponía de relieve la musculatura de los participantes. Pero paulatinamente la intervención en los juegos fue dejando de ser exclusiva de las clases aristocráticas, para pasar a competir todos los hombres, y los participantes tenían categoría de profesionales.

En principio, los vencedores recibían premios simbólicos relacionados con la divinidad tutelar de cada competición, como coronas de laurel, ramas de olivo, etc., pero poco a poco las circunstancias irían cambiando y los vencedores de las diferentes pruebas recibían recompensas por parte de sus ciudades, como la exención de impuestos.

En la mayoría de las pruebas el César consiguió la victoria, aunque paradójicamente también logró proclamarse vencedor en muchas en las que ni siquiera participó.

Esta situación se debió a la categoría que tenía el participante, si bien en las ciudades griegas, al contrario de lo que pasaba en la capital del Imperio, Nerón sí era considerado como un artista, hecho que llenaba de alegría al César, pero también de preocupación, pues su máximo objetivo era agradar al público griego, que en su opinión eran los espectadores más expertos en lo referente a teatro y espectáculos en general, por lo que en multitud de ocasiones se encontraba envuelto en crisis de ansiedad y de nervios.

*Victoria alada, relieve del siglo II en el arco de Septimio Severo
en Leptis Magna.*

En Roma no podía más que suscitar un sentimiento de burla y quizás de vergüenza ajena, pues se consideraba que el dueño del mundo no debía presentarse como un simple comediante, histrión o actor.

Fue durante su estancia en Corinto cuando tuvo lugar otra de sus excentricidades, que, cuando menos, fue causa de asombro para multitud de personas: el César había mantenido siempre cerca de sí a un joven llamado Éforo, que le había encandilado con su belleza, así que no tuvo ningún reparo en convertirlo en eunuco y mantenerlo como amante a su lado, completando su nombre con el de Sabina, en honor a Popea, y permitiendo que utilizara también sus ropajes. La causa de la conmoción fue la determinación que el César tomó durante su estancia en Corinto. Un buen día anunció que iba a celebrar su matrimonio con Éforo Sabina. Estatilia Mesalina se encontraba presente en la ceremonia, aunque se ignora cuál fue su reacción, pero debió de ser de estupor, al igual que las del resto de los asistentes a la ceremonia[85].

En Roma la noticia sirvió a los opositores al príncipe para tener un nuevo motivo de satisfacción y de burlas, pero también para creer aún en mayor medida en la incapacidad de Nerón para poder seguir gobernando el Imperio, pues era claramente visible que, al igual que sus antecesores, había sido presa de la locura.

Mientras tanto, durante todo el año 67 continuó su andadura por las tierras griegas, excepto Esparta y Atenas, que Nerón no visitó, aunque no se conocen las causas. En los juegos Nemeos también consiguió alzarse con la victoria, al igual que en Olimpia y Delfos, pero en Nemea pensó que podía guardar alguna relación con Hércules e incluso no descartó que pudiera llevar su misma sangre también, y acarició la idea de no retornar a Italia y continuar su viaje por otros lugares de Oriente; al fin y al cabo había recibido una petición del monarca armenio para visitar su reino.

Pero en Grecia no sólo se dedicó a las tareas artísticas. También se planteó la necesidad de abrir un canal que pudiera conectar el golfo de Corinto y el golfo Sarónico o de Egina, por lo que las obras fueron inauguradas por el príncipe y comenzaron a finales del verano de este año, aunque este proyecto no se concluyó, pues las noticias procedentes de Roma eran alarmantes y harían que el César tuviera que retornar precipitadamente.

En Roma, los libertos a los que Nerón había confiado el gobierno se mostraban preocupados; habían enviado numerosos correos a Grecia para poner al tanto de la situación de la ciudad al príncipe, pero él respondía continuamente con evasivas. La condiciones eran alarmantes, pues se había puesto de manifiesto la inquietud del pueblo por la falta de grano[86]; además, no se veía con buenos ojos la estancia tan prolongada del César fuera de Roma.

Nerón había cumplido su deseo más importante, pero ahora, aun a su pesar, debía retornar a Italia. Continuamente los libertos le habían solicitado su presencia en la capital, pues las cosas iban de mal en peor, pero el príncipe había hecho oídos sordos a todas sus peticiones.

Ahora no podía volver a desatender estas demandas, impelidas por las dificultades económicas, que si bien habían sido una constante durante casi todo el gobierno de Nerón, en estos momentos eran mucho más evidentes, pues el erario público se encontraba sin fondos. Por tanto, a finales del 67 abandonó las tierras helénicas; de ellas se llevaba más de 1.800 trofeos de vencedor, para retornar a la península itálica en enero del año siguiente, donde la expedición arribó a la misma ciudad en que había embarcado para partir hacia el Este. De aquí se dirigió a Nápoles y posteriormente hacia Roma.

En los días posteriores a su llegada a la capital, Nerón despachó con sus libertos, que le pusieron al tanto de la situación tanto en la ciudad como en las provincias, y sobre todo las nuevas de Palestina, donde la insurrección de los grupos judíos estaba alcanzando altas cotas de inquietud; pero el príncipe no veía en los informes que recibía la emergencia de la que tanto hablaban los libertos, pensando que la situación se encontraba tranquila, sin nada que pudiera alterar la paz del Imperio. Tras dictar las órdenes pertinentes y haciendo caso omiso de las advertencias de sus libertos, que no se cansaban de alertarle y ponerle en guardia, advirtiéndole que las circunstancias podían hacer que el gobierno se le pudiera escapar de las manos, el príncipe abandonó de nuevo Roma para dirigirse a Nápoles, en donde dedicó la mayor parte de sus días a rememorar sus andanzas y hazañas acaecidas en Grecia.

Sin embargo, tal como le habían hecho notar sus asesores, poco tiempo después se le informó del levantamiento producido en la Galia, concretamente en la localidad de Lyon, teniendo como protagonista al legado Cayo Julio Vindex, con una serie de pronunciamientos que terminarían con el gobierno de Nerón.

Vindex, en un acto de desprecio, se levantó contra el príncipe, siendo apoyado por nobles locales, además de por diferentes pueblos galos que veían cómo los impuestos les estaban arruinando mientras que el príncipe dilapidaba todo el dinero en Grecia, y por el gobernador de la Tarraconense, Servio Sulpicio Galba. Este patricio durante toda su vida había tenido un trato muy cercano con la dinastía, primero con Augusto, que le tenía en gran concepto, y posteriormente con Tiberio, Calígula y Claudio; había ocupado durante su carrera varios cargos, encontrándose al frente de las provincias de Aquitania y África, comandando las guarniciones en Germania, y llevaba la Tarraconense desde principios de los años sesenta. Cayo Julio Vindex, en un momento dado, le llegó a proponer como sustituto del César.

El legado galo se sublevó contra Nerón, ante la completa indiferencia, incompetencia o las dudas de éste, que montó en cólera contra el oficial sublevado, aunque no por la acción que había llevado a cabo, sino porque ¡le había tildado de ser un artista mediocre! ¡Más bien malo!

157

El legado de la Galia no había tenido en cuenta el hecho de que las guarniciones acuarteladas en la zona de Germania al mando de Verginio Rufo se declararon leales al César y no tardaron en marchar contra la Galia para poner fin a la revuelta. Entretanto Nerón ya daba muestras de haber tomado por fin la sublevación en serio.

No obstante, Vindex no veía las cosas del todo claras, pues Galba se mostraba todavía confuso sobre la decisión que debía adoptar, así que intentó establecer una alianza con Rufo, brindándole la posibilidad de que se uniera a la insurrección; sin embargo, éste se negó, lo que hizo que las legiones procedentes de Germania finalmente acabaran enfrentándose a las tropas de Vindex, que tras salir derrotado y viendo que después de sus actos no podría esperar ningún indicio de clemencia, prefirió poner fin a su vida. Murió sin sospechar que había colocado los cimientos para sustituir a Nerón en la cabeza del Imperio.

Las legiones germanas, tras vencer a los sublevados, aclamaron como nuevo príncipe a su general, Verginio Rufo, que rechazó el ofrecimiento y se mantuvo leal a Nerón.

Por otro lado, Galba no había facilitado tropas a Vindex, y continuaba indeciso, pensando que no tenía ningún motivo especial para desacatar la autoridad de Nerón; sin embargo, se convenció rápidamente para apoyar la rebelión cuando sus tropas interceptaron un correo del príncipe dirigido a sus partidarios en el que se daban órdenes de eliminar al legado de la Tarraconense, ya que su muerte podía evitar la continuación de la sublevación.

Estas noticias hicieron su efecto y consiguieron persuadir totalmente al gobernador de la provincia. Galba se levantó en armas el 2 de abril, siendo apoyado por el legado de la provincia lusitana Marco Salvio Otón, el segundo marido de Sabina Popea y antiguo amigo de Nerón; por otra parte buscó una primera toma de contacto con el Senado para saber cómo debía actuar y cuáles eran los pasos a seguir una vez que conociera la posición de los senadores, pero en todo momento se negó, de forma juiciosa, a recoger para sí el título de príncipe.

No sólo fue este general el que se amotinó contra la autoridad central, pues el levantamiento se había extendido con pasmosa facilidad a otras regiones. Así, en la provincia de África hizo otro tanto su gobernador, Clodio Macro, el cual había rechazado la petición de colaboración de Galba, puesto que su objetivo era aprovechar la situación para actuar por cuenta propia.

Así las cosas, Nerón debía actuar de forma determinante si no quería dar por perdido no sólo el gobierno de diversas provincias, sino también su aspiración de convertir el Imperio en una monarquía de corte oriental. Era consciente de cómo en un corto período de tiempo toda su autoridad se había venido abajo; pero en vez de llevar a cabo y responder con una contraofensiva, continuaba estudiando la forma de solventar la situación, perdiendo un tiempo precioso que le costaría caro.

Después de la derrota sufrida por Vindex, Galba decidió esperar acontecimientos, pues dudaba de poder salir airoso de la situación en la que se veía implicado.

Entretanto, el príncipe movió piezas: pasó a ocupar el cargo de cónsul y consiguió que el Senado declarara formalmente enemigo público a Galba, que se encontraba indeciso entre emprender la marcha hacia Roma con sus legiones o esperar noticias del Senado.

Nerón se preparó con el fin de partir a Hispania con un cuerpo expedicionario para hacer frente al legado. Sin embargo, Galba todavía tenía esperanzas, pues su comisionado en Roma había comenzado los contactos con miembros del Senado y estaba ganando adeptos a su causa; pero aún había ido más allá, y consiguió que elementos de la todopoderosa guardia pretoriana comenzaran a vacilar entre la opción de seguir apoyando a Nerón o emplazarse de lado del legado. Aunque ocurrió lo peor, pues fue sorprendido y encarcelado, no sin antes haber conseguido que el segundo prefecto del pretorio, Ninfidio

Sabino, pasara a engrosar sus filas, jugando un doble papel, pues todavía se encontraba al lado del príncipe. Tras mantener conversaciones con el emisario de Galba, Sabino se encargó de arrastrar a los pretorianos consigo, prometiendo un sustancioso donativo para cada uno cuando todo acabara y la situación retornara a la calma.

Poco a poco la situación se fue haciendo más crítica para Nerón, que ya, aunque todavía no de forma evidente, sopesaba la posibilidad de abandonar Roma y embarcarse con destino al Oriente, ya que vislumbraba cómo progresivamente todas las provincias se iban alzando en armas y cómo Clodio Macro proseguía con su control sobre África.

En la capital el clima no era todo lo satisfactorio que el príncipe desearía, y por si la situación no fuera ya de por sí delicada, las tropas de Verginio Rufo habían prolongado sus peticiones por las que intentaban que se le atribuyera el título de César, maniobra que él continuaba rechazando, pero entonces hizo una declaración en la que puso las legiones germanas no a las ordenes de Nerón, sino a disposición del Senado.

Viendo el panorama que se avecinaba, Tigelino, causante de muchas de las tropelías e injusticias que se habían producido en los último años, decidió huir y abandonar a Nerón, encontrándose en el 69 disfrutando de su retiro en tierras de la Campania[87].

El Senado por su parte intentaba evitar una guerra civil, por lo que los senadores continuaban con las conversaciones, entrevistas, encuentros, etc., buscando alcanzar una solución que fuera considerada aceptable por todas las partes.

Ante el cariz que estaban tomando los acontecimientos y ya abandonado por casi todos aquellos que habían estado pululando a su alrededor, adulando a su persona constantemente, con sus ademanes hipócritas, sirviéndose impunemente de su posición privilegiada para recoger los beneficios que les otorgaba su cargo y otros que no eran de su competencia, y desatendido también por sus pretorianos, Nerón optó por abandonar el palacio con un pequeño séquito que todavía le permanecía fiel, pero que no tardaría en abandonarlo.

El Senado consiguió llegar a una decisión final, apoyada por todos los legisladores, por la que, *de facto*, Nerón dejaba de ser el príncipe del Imperio, el dueño del mundo; se le declaraba desleal a la República, por tanto se le consideraba enemigo público, y se proclamaba a Galba como nuevo César. Se había tenido en cuenta su procedencia patricia.

Por su parte, el prefecto del pretorio, que había permanecido en Roma, terminó por convencer a los pocos pretorianos que se mostraban todavía indecisos y puso a toda la guardia a disposición del nuevo príncipe.

Ninfidio Sabino posteriormente correría la misma suerte que Nerón, pues resultaría muerto a manos de los pretorianos, tras haber incumplido todo lo pactado con ellos.

Nerón estaba solo, acompañado por un pequeño grupo de sirvientes que le habían permanecido fieles; entre ellos se encontraba el joven castrado al que había tomado por esposa, Éforo Sabino. Por ironías del destino, el muchacho al que le había arrebatado la masculinidad permanecía obstinadamente a su lado, mientras la mujer a la que había dado un Imperio lo había abandonado en cuanto apreció la magnitud de la tragedia.

Pensaba qué movimiento podría realizar en ese momento. Evocó su estancia en Grecia y la felicidad que le había reportado el conocer las tierras en donde se encuadraban multitud de gestas heroicas y quiso retornar al territorio que le había visto triunfar. Posteriormente y de la misma manera, jugó con la posibilidad de marchar a Alejandría, que un día igualmente había pensado visitar, y conocer todo lo que se contaba del gran Alejandro, Marco Antonio o Cleopatra.

Pero se dio cuenta de que no existía ninguna escapatoria posible, estaba solo, nadie iba a poner en peligro su vida por él, así que llegó a la conclusión más dura; quería finalizar con dignidad y sabía que sólo le quedaba un viaje por recorrer, el más penoso, el que tendría que efectuar toda persona, sola, sin nadie, como él se encontraba en esos momentos.

Pero viendo ya su hora cercana, no se resolvía a dejar este mundo; no obstante sabía que los soldados ya lo buscaban con órdenes de entregarlo con vida al Senado, por lo que uno de los sirvientes que permanecían con él, se decidió a empuñar la espada y atravesarle el pecho.

Probablemente sus últimos pensamientos se dirigirían a todos aquellos que ya habían completado su camino y a los que ahora iba a tener que rendir cuentas, Claudio, Británico, Agripina, Octavia...

Lucio Domicio Ahenobarbo, también conocido como Tiberio Claudio Nerón Druso Germánico, puso fin a su vida el día 9 de junio del año 68, conservando a su lado como única compañía tan sólo a un grupo de esclavos que lo ayudaron a bajar el telón de su vida.

Nerón había solicitado que a su muerte no se lo enterrara, sino que fuera incinerado y que se evitara que su cadáver pudiera ser mutilado.

VIII. EL AÑO DE LOS CUATRO CÉSARES

El último representante de la dinastía Julio-Claudia había muerto.

Tras su desaparición, la situación se complicaba en extremo, pues los acontecimientos se iban a suceder con gran rapidez y todo hacía pensar que sobre Roma se volvía a cernir la sombra de una nueva guerra civil, semejante a la vivida por la ciudad un siglo antes, cuando se produjo el fracaso del conocido como Primer Triunvirato, que llevaría a César al momento de mayor apogeo de su poder.

Galba, a la sazón un anciano decrépito que rondaba los 65 o 66 años, conoció de primera mano la desaparición de Nerón diez días después de ocurrida la muerte, por lo que creyó llegado el momento de marchar hacia Roma con sus legiones, acto que también había sido demandado con urgencia por el Senado. Por tanto, abandonó la provincia en dirección a la capital, donde llegó en octubre, y sin pérdida de tiempo fue proclamado nuevo César por el Senado.

Servio Sulpicio Galba, el príncipe, tuvo que hacer frente a numerosos problemas. Entre ellos se presentaba un inconveniente bastante peliagudo, pues no todos los gobernadores aceptaban y aclamaban como nuevo gobernante a un viejo que debía haber permanecido apartado en su provincia.

Pero además existían otras dificultades, como volver a imponer la disciplina entre las legiones sublevadas, que él no supo llevar a buen término, lo que se demostró en su primera actuación ya que, tras ocupar el gobierno, manifestó públicamente su intención de no entregar los premios y recompensas prometidos a ningún soldado, lo que creó gran desconcierto dentro de las legiones, que comenzaron a pensar si habían optado por el mejor candidato.

Otra de las cuestiones bastante problemáticas a las que había que hacer frente de forma urgente, eran los problemas financieros y la situación en la que se encontraba el erario público, cuyo estado era bastante desesperado. Pero el nuevo César no supo solucionar ninguno de estos problemas. Tampoco supo rodearse de asesores capaces, pues se dedicó a practicar una política basada claramente en el nepotismo. Por ello, los que se encontraban bajo su dirección no se mostraron acordes con lo que se les demandaba; así, se vieron sobrepasados por las circunstancias y demostraron no hallarse a la altura que requería la situación, y en muchos casos buscaron exclusivamente su enriquecimiento personal.

Las medidas con las que se intentó hacer frente al problema financiero terminaron por sublevar al ejército. Una de las soluciones que se promulgó fue la bajada del sueldo de las legiones, que unida a la anterior eliminación de las recompensas que en su momento se prometieron así como a la entrega de la cantidad prometida por el antiguo pretor del pretorio, Ninfidio Sabino, al que había dado de lado completamente, para la guardia pretoriana, de la que Galba dijo no hacerse cargo, llevó a que el príncipe fuera asesinado en el mismo centro de Roma por varios pretorianos. También se procedió a eliminar al sucesor que el viejo príncipe había designado.

La guardia pretoriana apoyó a Marco Salvio Otón, el antiguo amigo de Nerón, mucho más joven que Galba, al que había mandado como gobernador a Lusitania para poder apropiarse de su mujer. Era respetado por las inmensa mayoría de las tropas y fue proclamado, nuevo gobernante por el Senado.

Pero la elección, curiosamente, no fue apoyada por todas las provincias, pues las legiones acuarteladas en Germania se sublevaron en enero del 69, extendiéndose el amotinamiento a otras zonas del Imperio occidental, en concreto Hispania, la Galia y Britania, que proclamaron a Vitelio como nuevo César.

Vitelio, que quizás ni siquiera anhelaba ser el gobernante de todo el Imperio, marchó con sus tropas hacia Italia, lo que alarmó a Otón, que no contaba con fuerzas suficientes para hacerle frente y optó por mantener una ronda de negociaciones entre ambos, en donde el príncipe le ofrecía unirle como aliado al Imperio, pero Vitelio no aceptó, pues necesitaba una victoria aplastante para hacerse respetar por todos los grupos de poder del Imperio.

Otón no tuvo más remedio que movilizar a sus tropas y marchar hacia el norte, a campo abierto para hacer frente a su adversario, lo que ocurrió a finales de marzo, y aunque Otón intentó hacer todo lo posible para que el choque no se produjera, sus intentos resultaron baldíos pues el ejército de Vitelio, dirigido por Valente, se enfrentó al príncipe en Cremona.

Derrotado el César, Vitelio había manifestado ante los cadáveres que se amontonaban en el campo de batalla que *huele muy bien el enemigo muerto, pero todavía mejor el ciudadano*[88]. Otón se retiró a la capital y a mediados de abril prefirió suicidarse, y con ello se produjo un nuevo cambio en el trono.

Vitelio entra en Roma para ser proclamado nuevo príncipe; esta vez tenía el visto bueno de todas las facciones: el Senado, que busca la paz, las legiones, la totalidad de las provincias y por último el pueblo, saturado con tanto enfrentamiento y luchas por el poder.

Vitelio se mantendrá en el poder hasta el verano de este mismo año, puesto que, en contra de lo que se esperaba, no realizó una política de conciliación con sus antiguos enemigos, sino que efectuó una administración encaminada a su represión, cosechando la consiguiente oposición por parte de las fuerzas que le habían apoyado, cansadas de tantos enfrentamientos civiles, fundamentalmente las tropas estacionadas en las provincias orientales.

En esta situación, en el mes de julio las legiones proclamaron príncipe a Vespasiano, que poco a poco va ganando para su causa al resto de las tropas asentadas en las provincias, hasta que Vitelio pasa a contar únicamente con la fuerza de la guardia pretoriana, cuyos efectivos prepararon la resistencia en Roma.

Vespasiano desembarcó en Italia, enfrentándose ambos contendientes en la localidad de Cremona en octubre del 69. El resultado de este encuentro llevó a que las riendas por fin recayeran en manos de una persona apoyada por todos los sectores de la sociedad sin ninguna fisura. Finalizó con todos los focos de sediciosos, tanto en Oriente como en las provincias occidentales.

Vespasiano murió en el año 79, pero previendo la situación en que podía volver a quedar el Imperio tras su desaparición, se adelanto a los acontecimientos y puso en marcha una serie de medidas encaminadas a mantener la estabilidad en Roma, por lo que asoció a sus hijos Tito y Domiciano al poder; con ello ya no surgirán los problemas sucesorios.

La dinastía Flavia ha ocupado el principado.

IX. CONSIDERACIONES FINALES

El fin del gobierno de Nerón se había producido por una acumulación de factores que llevaron en último término a su eliminación tanto política como física.

Su obstinación en las, cada vez más evidentes, tentativas destinadas a crear e imponer en el Imperio un régimen de corte helenístico-oriental, es decir, absolutista, hizo que las dos instituciones civiles más importantes, el príncipe y el Senado, chocaran frontalmente, puesto que con esta forma de gobierno las grandes familias patricias iban a perder completamente su influencia política, ya de por sí bastante maltrecha a la altura del año 67 d.C.

Los procedimientos que desde el poder central se utilizaron con el firme propósito de alcanzar su objetivo político, hicieron que entre los senadores arraigase una sola idea constituida por la clara certeza de un cambio dentro del principado.

Había que terminar con aquella locura.

Pero, si esta situación se estaba originando en los órganos civiles, el mismo pensamiento había calado entre los mandos del ejército. Las crueles represiones que se llevaron a cabo tras la conjura de Pisón en el año 65 d.C. y la conjura de Viniciano al año siguiente pusieron de manifiesto que no sólo la jerarquía, sino todo el estamento militar, también había dejado de apoyar a Nerón, al igual que muchos miembros del orden ecuestre y personajes importantes que vieron cómo su destino era el destierro, con el fin de conseguir dinero como forma de paliar el continuo flujo de capital, a lo que se añadía el incremento de los impuestos fiscales, hecho que tampoco entusiasmaba a la población.

En los primeros años de gobierno el joven César llevó a cabo una política coherente con las necesidades del pueblo, gracias a la capacidad de Séneca y Burro.

Esto hizo a toda la sociedad entusiasmarse y felicitarse, ya que finalmente, y después de los gobiernos de sus antecesores, se había conseguido tener un príncipe razonable que sólo buscaba la paz y la estabilidad del Imperio.

Sin embargo, la desaparición de Agripina, que, aunque temida, servía como contrapeso tanto a Nerón como a sus consejeros, y el posterior cambio en el interior de palacio de los elementos más allegados al príncipe, iban a abrir un período de siete años en los que van a ir aglutinándose numerosas personas con idearios políticos totalmente opuestos, republicanos convencidos, monárquicos, militares, literatos, etc., a los que les relaciona una sola idea: el derrocamiento de Nerón.

Todos estos movimientos intentaban minar paulatinamente la estabilidad del gobierno, siendo ayudados indirectamente por el príncipe, puesto que en un momento en que la situación económica era bastante precaria, el César despilfarraba ingentes cantidades de dinero para poder cumplir sus excentricidades, la erección de la Domus Áurea, multitud de espectáculos, el viaje a Grecia, etc.

La conjunción de todos estos ingredientes desembocó en los sucesos acaecidos a finales del año 67 d.C. y principios del siguiente, en la declaración del Senado, que designaba a Nerón enemigo público, y en su ulterior suicidio durante los primeros días de junio.

No obstante cabe preguntarse: ¿Realmente Lucio Domicio Ahenobarbo, más tarde conocido como Nerón, fue en realidad un personaje tan monstruoso?

En su pira funeraria el príncipe depuesto fue llorado por sus antiguas nodrizas y por la mujer que posiblemente más le quiso en vida, la liberta Acté.

Sus funerales no resultaron muy parcos y muy posiblemente correrían a cargo del Estado, pues su coste fue de alrededor de

200.000 sestercios[89], aunque otras fuentes indican que Nerón fue incinerado y sus cenizas enterradas de manera más bien modesta, en un reducido sepulcro, que estaría formado por un receptáculo de estructura cuadrangular realizado en porfidio, que exhibía en su parte superior un altar de mármol de luna, todo ello bordeado por una balcón de mármol de Tasos.

Sus restos posteriormente se unirían a los de sus antepasados en el panteón de la gens Domicia, que se encontraba en lo más alto de la colina de los Jardines, pudiendo ser visto desde el Campo de Marte, y su sepultura se mantuvo intacta hasta finales del siglo XI, en que fue destruida por orden del Pontífice Pascual II para levantar en su lugar una iglesia denominada Santa María del Popolo[90].

Durante mucho tiempo en su tumba se encontraron ramos de flores recién cortados en recuerdo de su memoria e incluso hubo referencias que apuntaban a la posibilidad de que Nerón hubiera escapado a Oriente, por lo cual muy pronto podría retornar a Roma para sentarse otra vez en el trono.

En años posteriores algunos senadores y príncipes y también el rey parto Vologeso honraron su recuerdo. De este modo Vitelio encumbró públicamente las cenizas de Nerón en el Campo de Marte y llegaron a existir diversos personajes que años después atestiguaban ser el mismísimo Nerón.

La imagen de Nerón fue maltratada por muchos de sus actos, los cuales por sí solos ya eran bastante deshonrosos, pero primordialmente sus adversarios políticos, así como diversos grupos, sobre todo los cristianos de la época y los historiadores cristianos de tiempos posteriores, no desaprovecharon la oportunidad que se les presentaba para utilizar estos caprichos, desenmascarando al hombre depravado y sanguinario que se encontraba en la persona del príncipe. Esta actuación fue utilizada sobre todo por la todopoderosa Iglesia de la Edad Media en su búsqueda del anticristo contrario a la fe cristiana.

Pero nunca hay que olvidar que las persecuciones a los cristianos no tuvieron ninguna oposición por parte del pueblo, el cual tampoco sentía demasiadas simpatías por estas comunidades, y de la misma forma este acoso tuvo un fuerte apoyo dentro de palacio, pues principalmente la mujer del príncipe, utilizando su influencia y empujada por su sentimiento filojudío, propició la captura de los seguidores de la nueva fe.

Con su actuación Popea también tuvo algo que decir en la reputación que se creó en torno a Nerón, influyendo en gran medida en ella, al igual que su favorito Tigelino y su madre.

Agripina en momentos concretos fue la encargada de extender ciertos rumores por Roma que tenían como fin dañar la imagen pública de su hijo en provecho propio, lo que finalmente le costaría la vida, aunque su trabajo surtió en gran medida el efecto deseado.

Desaparecida ésta, su puesto fue ocupado por Tigelino, que sustituyó a la madre del príncipe de forma perfecta, e incluso conseguiría superarla, puesto que llegó a realizar el trabajo a la perfección.

El valido fue el gran culpable de socavar poco a poco los últimos resquicios que pudieran quedar del buen juicio y buen gobierno en la persona de Nerón, que, finalmente acorralado y perseguido por todos, no encontró mejor opción que la del suicidio. Curiosamente Tigelino, el causante de toda esta dramática situación, no sufriría ningún percance, sobreviviendo a todos los actores de la trama.

Quizás ellos fueron los que realmente llevaron a asociar al príncipe con la locura, el gran incendio de Roma, los abusos, los crímenes...

Agripina, Séneca, Burro, Popea, Tigelino, todos ellos fueron los encargados de marcar la vida de Nerón Claudio César Augusto Germánico, el más conocido histrión de la Corte.

X. DINASTÍA JULIO-CLAUDIA

Se detallan todos los personajes que accedieron al principado hasta el año 68 de nuestra era, integrando la dinastía Julio-Claudia.

Aparecen sus respectivos nombres actuales, así como su designación al acceder al trono, su nombre oficial, cognomina, cargos, tribunitia potestad, salutaciones imperiales, consulados, y las fechas de gobierno de cada uno de ellos[91].

AUGUSTO
C. OCTAVIUS.
A partir del 44 a.C.
IULIUS CAESAR.
enero del 27 a.C. hasta el 14 d.C.
IMPERATOR CAESAR DIVI F AVGVSTVS
IIIVIR R. P. C. (TRIUMVIR REI PUBLICAE CONSTI-TUENDAE): 43-37 a.C. II 37-33 a.C.
DIVI 42 a.C.
AVGVSTVS 27 a.C.
TRIB POT (TRIBUNICIA POTESTATE) 26 junio del 23 a.C., posteriormente el cargo lo ocupó anualmente, siempre desde el 26 de junio hasta la XXXVII, con fecha 26 de junio del 14 d.C.
IMP (IMPERATOR) I, 43 a.C.; II, 41 (?); III, 40 (?); IV, 36; V, 34, VI, 31; VII, 30; VIII, 25; IX, 20; X, 15; XI, 12; XII, 1; XIII, 9; XIV, 8 a.C.; XV, 2 d.C.; XVI, 6 (?); XVII, 7; XVIII, 8; XIX, 9; XX 11; XXI, 13.

COS (CONSUL) I, 43 a.C.; II, 33; III, 31, desde este momento es anual hasta el XI, 23; XII, 5; XIII, 2 a.C.

PP (PATER PATRIAE) 5 febrero del 2 a.C.

A su muerte fue divinizado.

TIBERIO

TIBERIO CLAUDIUS NERO

A partir del 26 de junio del 4 d.C.

IULIUS CAESAR.

19 agosto del 14 d.C.-16 de marzo del 37

TI CAESAR AVGVSTVS

PONT MAX (PONTIFEX MAXIMUS) 15

TRIB POT (TRIBUNICIA POTESTATE) 26 de junio del 6 a.C.; posteriormente todos los años, V, 26 de junio del 2 a.C.; VI, 26 de junio del 4 d.C. y después anualmente XXXVIII, 26 de junio del 36 d.C.

IMP (IMPERATOR) I, 10 a.C.; II, 8 a.C.; III, 5 d.C.; IV, 8; V, 9; VI, 11; VII, 13; VIII, 16

COS (CONSUL) I, 13 a.C.; II, 7; III, 18 d.C.; IV, 21; V, 31

CALÍGULA

C. IULIUS CAESAR

18 de marzo del 37-24 de enero del 41 d.C.

C CAESAR AVGVSTVS GERMANICUS

TRIB POT (TRIBUNICIA POTESTATE) 18 de marzo del 37 d.C.; II, 18 de marzo del 38; III, 18 de marzo del 39; IV, 18 de marzo del 40

COS (CÓNSUL) I, 37; II, 39, III 40; IV; 41

PP (PATRIA POTESTATE) 37 d.C.

CLAUDIO

D. CLAUDIUS NERO GERMANICUS

24 de enero del 41-13 de octubre del 54

TI CLAVDIVS CAESAR AVGVSTVS GERMANICUS

TRIB POT (TRIBUNICIA POTESTATE) 25 de enero del 41, posteriormente todos los años hasta XIV, 25 de enero del 54

IMP (IMPERATOR), II, III, 41; IV VII, 43; VIII, 43-45; IX, 45; X, 45-46; XI, 46; XII, 46-47; XIII-XIV, 47; XV, 47-48; XVI, 48-49; XVII, 49; XVIII, 49-50; XIX-XXI, 50; XXII-XXIV, 51; XXV, 51-52; XXVI-XXVII, 52

COS (CÓNSUL) I, 37; II 42; III, 43; IV, 47; V, 51

PP (PATRIA PATRIAE) 42

CENS (CENSOR) 47-48

A su muerte fue divinizado.

NERÓN

L. DOMITIUS AHENOBARBUS

A partir del año 50 d.C.

NERO CLAUDIUS CAESAR DRUSUS GERMANICUS.

13 de octubre del 54-9 de junio del 68

J. NERO CLAVDIVS CAESAR AVGVSTVS GERMA-NICVS

TRIB POT (TRIBUNICIA POTESTATE) 4 de diciembre del 54; II, 13 de octubre del 55, posteriormente todos los años hasta XIV, diciembre del 67

IMP (IMPERATOR) II, 56; III, 57; V-VI, 58; VIII, 59; VIII-IX, 61; X, 64; XI, 66; XII, 67; XIII, 68

COS (CÓNSUL) I, 55; II, 57; III, 58; IV, 60; V, 68

PP (PATRIA PATRIAE) 55, o quizás a comienzos del 56.

CRONOLOGÍA

60 a.C. — Pompeyo, Craso y César forman el Primer Triunvirato.

53 a.C. — Craso es vencido por los partos en Carrae, donde encuentra la muerte al ser asesinado. Se produce la ruptura entre César y Pompeyo.

49 a.C. — Julio César cruza el Rubicón. Comienzo de la Guerra Civil. Pompeyo se retira al Oriente.

48 a.C. — Batalla de Farsalia. Pompeyo es derrotado por César, huye a Egipto, donde es asesinado por Ptolomeo XIII.

47 a.C. — César regresa a Roma, donde se entrevista con Cicerón.

46 a.C. — César es proclamado dictador por un período de diez años. Comienzo de las reformas en Roma.

44 a.C. — Cayo Julio César es asesinado durante los idus de marzo. Enfrentamiento entre Marco Antonio y el Senado. Alianza entre Cicerón y Octaviano, hijo adoptivo de César.

43 a.C. — Segundo Triunvirato, formado por Octavio, Antonio y Lépido.

41 a.C. — Primer encuentro entre Marco Antonio y Cleopatra, reina de Egipto.

37 a.C. — Antonio se casa con Cleopatra.

35 a.C. — Ruptura entre Antonio y Octavio.

34 a.C. — Antonio reparte las provincias orientales entre Cleopatra y sus hijos.

32 a.C.	— Octavia, hermana de Octavio, es repudiada por Marco Antonio. Octavio consigue que el Senado declare la guerra a Cleopatra.
31 a.C.	— Batalla de Actium. Marco Antonio y Cleopatra son derrotados.
30 a.C.	— Suicidios de Cleopatra y Marco Antonio.
27 a.C.	— Octavio recibe el título de Augusto. Reparto de las provincias entre él y el Senado.
23 a.C.	— El Senado concede a Augusto el Imperium proconsular.
12 a.C.	— Augusto es declarado Pontífice Máximo. Muerte de Agripa.
6 a.C.	— Tiberio recibe el poder tribunicio por un período de cinco años.
14 d.C.	— Muerte de Augusto. Sube al poder Tiberio.
16 d.C.	— Nacimiento de Agripina la Menor, futura madre de Nerón.
20 d.C.	— Muerte de Germánico.
27 d.C.	— Tiberio se traslada a vivir a Capri.
37 d.C.	— Muerte de Tiberio. Sube al poder Calígula. Nacimiento de Lucio Domicio Ahenobarbo, posteriormente conocido como Nerón.
41 d.C.	— Calígula es asesinado junto a su mujer y su hijo por los pretorianos, que nombran príncipe a Claudio.
48 d.C.	— Ejecución de Mesalina.
49 d.C.	— Matrimonio de Claudio y Agripina.
50 d.C.	— Claudio adopta al hijo de Agripina, Lucio Domicio Ahenobarbo.
54 d.C.	— Claudio es envenenado por su mujer. Nerón es proclamado César por los pretorianos.
55 d.C.	— Británico, hijo de Claudio, es asesinado por orden de Nerón.
59 d.C.	— Nerón ordena asesinar a Agripina.
62 d.C.	— Octavia es asesinada.

64 d.C. — Incendio de Roma. Persecución de la secta conocida como cristianos.

65 d.C. — Conjuración de Pisón. Muerte de Séneca y de Popea.

66 d.C. — Tirídates es coronado rey de Armenia en Roma. Nerón casa de nuevo con Estatilia Mesalina y viaja a Grecia.

68 d.C. — Nerón regresa de su viaje a Grecia. Sublevaciones del ejército en la Galia e Hispania. El Senado otorga el gobierno a Galba. Nerón se suicida por medio de un liberto.

69 d.C. — Vitelio es proclamado César en la Galia por sus legiones, Galba es asesinado, en su lugar los pretorianos nombran a Otón como nuevo príncipe, pero muere en un enfrentamiento entre las tropas de Vitelio y las suyas. Vespasiano es proclamado en Egipto príncipe por sus tropas. A finales de este año sus legiones toman Roma. Muere Vitelio. Se asienta en el poder la dinastía Flavia.

NOTAS

[1] Cartago debe ser destruida. Con esta frase Catón finalizaba todos sus discursos.

[2] Marco Porcio Catón (234-149 a.C.), conocido como Catón el Censor, ocupó el cargo de pretor en el 198 a.C., cónsul en el 195 a.C. y censor en el 184 a.C., escribió un tratado agrícola y la primera historia de Roma en lengua latina.

[3] Publio Cornelio Escipión el Africano y numantino (184-129 a.C.), nieto adoptivo de Escipión el Africano, el vencedor de Aníbal. Ocupó el cargo de cónsul en el año 147 a.C., y posteriormente fue gobernador de la Hispania Citerior, finalizando la guerra con Numancia, tras destruirla en el 133 a.C.

Siendo líder del partido aristocrático se opuso a la reforma de los Gracos.

[4] Región fuera de los confines de Italia, regida por un gobernador designado por Roma.

[5] Ambas caen en poder de Roma en el 238 a.C.

[6] 228 a.C.

[7] Situación que se produce en el 148 a.C

[8] 228 a.C.

[9] García Moreno, L.; Gascó de la Calle, F.; Álvar Ezquerra, J. y Lomas Salmonte, F. C.: *Historia del mundo clásico a través de sus textos*.

[10] El primer Tribuno de la Plebe fue elegido en el 493 a.C.

[11] Cicerón, Pro Sextio, 45-46. Recogido de García Moreno, L.; Gascó de la Calle, F.; Alvar Ezquerra, J. y Lomas Salmonte, F. C.: *Historia del mundo clásico a través de sus textos*.

[12] El conflicto se produjo entre los años 111 y 105 a.C.

[13] Su elección se produjo en el año 107 a.C. Posteriormente vuelve a ser nombrado cónsul en el año 104 a.C., cargo que no abandonará hasta el 100 a.C.

[14] 102 y 101 a.C., respectivamente.

[15] Este conflicto es conocido como las Guerras Sociales, y se desarrolla entre el 91 y el 89 a.C.

[16] García Moreno, L.; Gascó de la Calle, F.; Alvar Ezquerra, J. y Lomas Salmonte, F. C.: *Historia del mundo clásico a través de sus textos*.

[17] Este levantamiento no finaliza hasta el año 72 a.C.

[18] Espartaco sublevó a unas 70.000 personas, divididas en dos grupos; uno se dirigió al norte, donde fue derrotado por Pompeyo en el 71 a.C., y el otro al sur, donde fue aniquilado por Craso en el mismo año.

[19] Catilina era un senador popular que intentó dar un golpe de estado entre los años 63-62 a.C., y fue denunciado públicamente por Cicerón, lo que le valió a éste el consulado.

[20] Craso murió en el año 53 a.C. tras ser derrotado por los partos en Carrae.

[21] El 15 de marzo. Los investigadores dicen que el crimen se produjo entre las diez y las once de la mañana. César recibió 23 puñaladas, de la que sólo una, propinada por la espalda y que le llegó al corazón, fue mortal.

[22] Escritor alemán nacido en 1749 y fallecido en 1832. Su obra más conocida es la titulada *Fausto*.

[23] Santiago Montero.

[24] Bolonia.

[25] Muere en Nola, situada en la Campania, el 15 de marzo del 14 d.C.

[26] Héroes de origen dorio, hijos de Zeus y Leda, nacieron en el Taigeto. Zeus los inmortalizó en la constelación de los Gemelos, es decir, Géminis.

[27] Suetonio: *Vida de los doce Césares*.

[28] Los hombres de esta *gens* sólo utilizaron el sobrenombre de Gneo y Lucio.

[29] La hidropesía es una acumulación de líquido seroso trasudado en una cavidad o en el tejido celular.

[30] Lyon.

[31] Día 18 de las calendas de enero.

[32] Variedad de trigo, de paja dura y corta.

[33] Carcopino, J.: *La vida cotidiana en Roma en el apogeo del Imperio.*

[34] La actual ciudad alemana de Colonia.

[35] Escuela filosófica fundada por Zenón, cuyo punto de reunión estaba situado originalmente en un pórtico de Atenas. Esta escuela defiende la idea de que la virtud es el único bien y el sabio es el único que alcanza la felicidad a través del conocimiento, que muestra el universo como un todo de naturaleza divina, en el que todo ocurre de un modo necesario y dispuesto por la razón cósmica.

[36] El cuestor abarcaba tareas administrativas, guardaba el erario público y los archivos. Asistía a los cónsules y los pretores, a los que acompañaba en sus viajes. Igualmente era el encargado de pagar a las tropas.

[37] Séneca: *Sobre la Clemencia.*

[38] Hijo de Aquises y de Afrodita, protagonista de la Eneida de Virgilio, y según muchas leyendas descendiente directo de Rómulo y Remo. Bajo la protección de su madre tomó parte en la guerra de Troya enfrentándose a los aqueos. Tuvo que huir de la ciudad, llegando finalmente a la región del Lacio, donde casó con Lavinia, hija del rey Latino.

[39] Montero, S., Bravo G. y Martínez-Pinna, J.

[40] Paoli, U. E.: *Urbs, la vida en la Roma Antigua.*

[41] Suetonio: *Vida de los Doce Césares.*

[42] Carcopino, J.; a su vez lo toma de Ciceron, Tusc., III, 19, 44.

[43] «... sepáis que yo poseía trono; ved, pues, de qué fortunas, de qué poderes, de qué riquezas, me ha despojado la suerte...»

[44] Suetonio: *Vida de los doce Césares.*

[45] Roldán, J. M.; Blázquez, J. M. y Del Castillo, A.: *Imperio Romano*.

[46] Este joven se encontrará en el trono durante varios meses en el año 69.

[47] «... Que era casada, que no quería deshacer aquel casamiento, habiendo sabido ganarle la voluntad Otón con una manera de vida y costumbres en que ninguno se le igualaba; que Otón sí era hombre magnífico en su trato y en el atavío de su cuerpo, viéndose en él muchas cosas que le hacían digno de la suma grandeza, y no Nerón, pues se sujetaba a los amores de Acté, infame y vil esclava...» (Tácito, XIII, 46).

[48] Sobre el incesto llevado a cabo por Nerón y su madre hay diferentes testimonios. Mientras que Tácito niega que hubiera existido una relación sexual entre ellos, Suetonio, por el contrario, afirma tajantemente que ésta si se produjo, fundamentándola en el hecho de que en alguna ocasión cuando madre e hijo compartían la misma litera, aparecían una serie de manchas susceptibles de haber podido ser causadas por semen.

[49] Tácito, XIV, 2.

[50] Estas fiestas estaban dedicadas a los jóvenes.

[51] Tácito, XIV, 6.

[52] Tácito, XIV, 8.

[53] Fernández Uriel, P.: *Nerón y neronismo. Ideología y mito*.

[54] De la voz del príncipe Suetonio pensaba que era «tenue y oscura».

[55] Fernández Uriel, P.: *Nerón y neronismo. Ideología y mito*.

[56] Corresponden a las ciudades de Londres, Colchester, Saint-Albans y Silchester.

[57] Pueblo asentado en la región de Cambridge.

[58] Existen algunos indicios que pueden explicar que el consejero no habría sido asesinado, sino que tenía un cáncer de garganta que se agravó súbitamente.

[59] Montanelli, I.: *Historia de Roma*.

[60] El dios egipcio Bes era representado como un enano con una gran cabeza que poseía orejas enormes y una gran lengua,

y unas piernas cortas y arqueadas. Cuidaba a las mujeres durante el parto, y era protector de los cazadores y los guerreros, así como tenía relación con la música y los placeres.

[61] Suetonio: *Vida de Nerón, 51.*

[62] Región situada en el norte de la península del Peloponeso.

[63] Suetonio: *Vida de los doce Césares.*

[64] Carcopino, J.: *La vida cotidiana en Roma.*

[65] Tácito, XV, 38.

[66] Fernández Uriel, P.: *El incendio de Roma del año 64: una nueva revisión crítica.* También Robichon, J.: *Nerón o la comedia del poder.*

[67] Fernández Uriel, P.: *El incendio de Roma del año 64: una nueva revisión crítica.*

[68] Este aspecto no ha podido ser probado todavía. Las únicas referencias que se tienen de él han sido transmitidas por Tácito y Suetonio y posteriormente recogidas por otros autores clásicos y medievales como una forma de presentar la inhumanidad de Nerón.

[69] Fernández Uriel, P.: *El incendio de Roma del año 64: una nueva revisión crítica.*

[70] Cuando muere Nerón la cabeza se sustituye por la cabeza del Sol engalanada con rayos. El anfiteatro levantado por los Flavios toma el nombre de Coliseo debido a que se construye al lado de esta figura.

[71] Roldán, J. M.; Blázquez, J. M. y Castillo, A. del: *El Imperio romano.*

[72] Blázquez Martínez, J. M.: *El nacimiento del Cristianismo.*

[73] Robichon. J.: *Nerón o la comedia del poder.*

[74] Tácito, XV, 44.

[75] Existen numerosos investigadores que dudan de esta última aseveración, pues un tiempo después de finalizar el incendio los jardines se encontraban ocupados, por orden de Nerón, por los supervivientes que habían perdido sus casas en el desastre; por tanto, no quedaría mucho lugar para llevar a cabo tan magna operación.

[76] Tácito, XV, 48.

[77] Unidad táctica formada por unos 600 soldados.

[78] El suicidio se llevó a cabo en un día entre el 20 y el 30 de abril del 65.

[79] Novela de costumbres y aventuras de la que sólo se conservan los capítulos XV y XVI.

[80] Robichon, J.: *Nerón o la comedia del poder.*

[81] Mar Negro.

[82] Malamat, A.; Tadmor, H.; Stern, M.; Safrai, S.; Ben-Sasson, H. H. y Ettinger, S.: *Historia del pueblo judío. I. Desde los orígenes hasta la Edad Media.*

[83] Canaán. Territorio que no tiene unas fronteras definidas, situado entre el sur de Palestina y Siria.

[84] Magistrado en la antigua Roma. Posteriormente el término designó al embajador del Senado para, finalmente, denominar a un magistrado al mando del ejército.

[85] Existen diferentes investigadores que han propuesto una unión ritual dentro de la religión mazdeísta, de la que Nerón era ferviente seguidor desde su encuentro con Mitrídates. El mazdeísmo propone la existencia de dos principios divinos, uno bueno, creador del mundo, y otro malo, destructor.

[86] Roldán, J. M.; Blázquez, J. M. y Castillo, A. del: *El Imperio romano.*

[87] Tácito, Historias, I, 72.

[88] Suetonio: *Vida de Vitelio,* 10.

[89] Suetonio: *Vida de Nerón,* 50.

[90] Arce, J.: *Funus Imperatorum. Los funerales de los emperadores romanos.*

BIBLIOGRAFÍA

ARCE, J.: *Funus Imperatorum. Los funerales de los emperadores romanos*, Alianza Editorial, Madrid, 1988.

BLÁZQUEZ, J. M.: *El nacimiento del Cristianismo*, Ed. Síntesis, Madrid, 1996.

BARROW, R. H.: *Los romanos*, Fondo de Cultura Económica, México, 1986.

CARCOPINO, J.: *La vida cotidiana en Roma en el apogeo del imperio,* Ed. Temas de hoy, Madrid, 1993.

CIZEK, E.: *L'époque de Néron et ses controverses idéologiques*, Leyden, 1972.

—*Nerón*, Librairie Arthème Fayard, 1982.

CODOÑEZ, C. y FERNÁNDEZ-CORTE, C.: *Roma y su Imperio*, Biblioteca Básica de Historia, Ed. Anaya, Madrid, 1991.

ESLAVA GALÁN, J.: *Yo, Nerón*, Ed. Planeta, Barcelona, 1991.

FERNÁNDEZ URIEL, P.: «El incendio de Roma del año 64: Una nueva revisión crítica», Espacio, Tiempo y Forma, Serie II, *Historia Antigua*, t. 3, Madrid, 1990, págs. 61-84.

—«Nerón y neronismo. Ideología y mito», Espacio, Tiempo y Forma, Serie II, *Historia Antigua*, t. IV. Madrid, 1991, págs. 199-222.

FERNÁNDEZ URIEL, P. y PALOP, L.: *Nerón, la imagen deformada*, Aldebarán Ed., Madrid, 2000.

FONTÁN, A.: *Letras y poder en Roma*, Ed. Universidad de Navarra, S. A. (Eunsa). Colección Mundo Antiguo, Nueva Serie, n.º 2, Pamplona, 2001.

FRANZERO, C. M.: *Néron, sa vie et son temps. Payot*, Bibliothèque Historique, Madrid, 1955.

GÁLVEZ, P.: *Nerón, diario de un emperador.*

GARCÍA MORENO, L.; GASCÓ DE LA CALLE, F.; ALVAR EZQUE-RRA, J. y LOMAS SALMONTE, F. C.: *Historia del mundo clásico a través de sus textos*, Alianza editorial, t. 2, Madrid, 1999.

GRIMAL, P.: *El proceso a Nerón*, Edicions 62, Barcelona, 1996.

KOVALIOV, S. I.: *Historia de Roma,* tomo II, Ed. Pueblo y Educación, La Habana, 1980.

MALAMAT, A.; TADMOR, H.; STERN, M.; SAFRAI, S.; BEN-SASSON, H. H. y ETTINGER, S.: *Historia del pueblo judío, I. Desde los orígenes hasta la Edad Media*, Alianza Editorial, Madrid, 1991.

MONTANELLI, I.: *Historia de Roma*, Globus Comunicación, Madrid, 1994.

MONTERO, S.; BRAVO, G. y MARTÍNEZ-PINNA, J.: *El Imperio Romano*, Visor Libros, Madrid.

PERRIS, L. A.: «*Domus Aurea.*», *La mayor locura de Nerón* Rev. *Clío*, Madrid, 2003, págs. 32-38.

RADIUS, E.: *La vita de Nerone*, Milano, 1963.

ROBERT, J. N.: *Los placeres en Roma. Crónicas de la Historia*, Ed. EDAF, Madrid, 1992.

ROBICHON, J.: *Nerón o la comedia del poder*, Colección Clío, Madrid, 1989.

MAYER, M.: *Las claves del Imperio Romano*, Ed. Planeta, Barcelona, 1993.

ROLDÁN, J. M.: *El Imperialismo romano*, Ed. Síntesis, Madrid, 1994.

ROLDÁN, J. M.; BLÁZQUEZ, J. M. y DEL CASTILLO, A.: *El Imperio Romano*, tomo II, *Historia de Roma*, Ed. Cátedra, Madrid, 1989.

SHOTTER, D.: *Nero*, Lancaster Pamphlets, Londres, 1997.

SUETONIO: *Vida de los doce Césares*, Ed. Cátedra, Madrid, 2000.

TÁCITO: *Anales*, Ed. Planeta, Clásicos Universales Planeta, Barcelona, 1990.
—*Historias*, Ed. Akal, Madrid, 1990.
Datos facilitados por la página de Historia Antigua
www.dearqueología.com

ÍNDICE